KB076190

라이노 파이썬 Rhino Python

라이노 파이썬 Rhino Python

초판 1쇄 발행 2021년 6월 21일

지은이_ 김성욱
펴낸이_ 김동명
펴낸곳_ 도서출판 창조와 지식
디자인_ (주)북모아
인쇄처_ (주)북모아

출판등록번호_ 제2018-000027호
주소_ 서울특별시 강북구 덕릉로 144
전화_ 1644-1814
팩스_ 02-2275-8577

ISBN 979-11-6003-323-6 93000

정가 12,000원

라이노 파이썬 Rhino Python

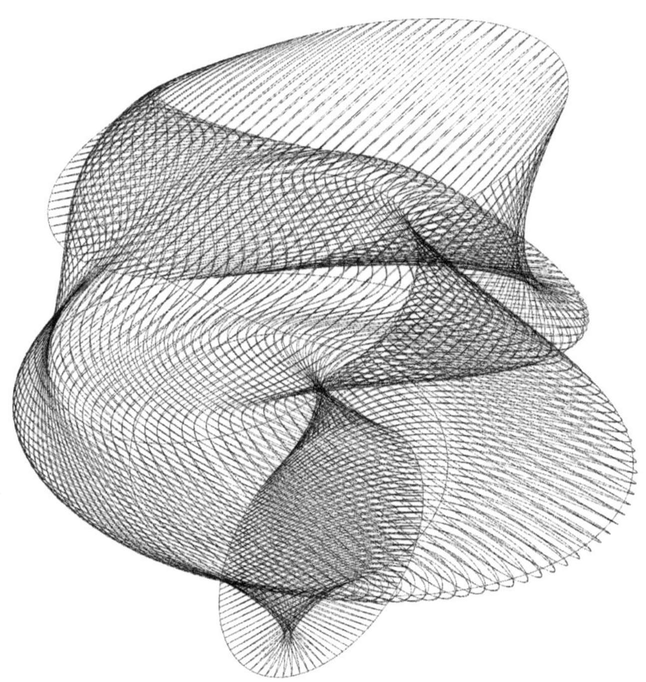

Contents

라이노 파이썬 Rhino Python

2장 심화 예제

3장 벡터(Vector) 활용하기

Prologue

● 교재의 목적과 대상

본 교재는 스크립팅을 활용한 디지털 디자인에 관심이 있는 건축가 및 건축학도를 대상으로 한다. 파이썬 언어를 활용한 라이노 프로그램의 조형 연구 및 제어를 다루고 있지만, 근본적인 목적은 특정 언어 및 프로그램의 사용법을 익히게 하는 것이 아니라, 건축 디지털 디자인과 관련된 프로그래밍에 대한 기본적인 이해를 돕고 건축프로그램과의 연동 및 그 가능성을 탐구하도록 하는 것이다. 건축 디자이너로서 프로그래밍을 어떻게 받아들여야 하는지, 프로그래밍은 무엇을 할 수 있는지, 스크립트를 쓸 때는 어떻게 생각해 나가야 하는지, 기본적인 바탕으로 숙지해야 되는 내용은 무엇인지 등 디지털 디자인에 대한 생각을 정리하고, 직접 뛰어들어 써 나갈 수 있도록 방향을 제시할 수 있는 조력자의 역할을 수행하고자 한다.

● 본문의 한계

파이썬은 워낙 많이 알려진 프로그래밍 언어이고, 본 교재는 라이노/그래스호퍼 프로그램에 어느 정도 익숙한 사람을 대상으로 하기 때문에, 이 책을 따라오는 사람은 컴퓨터 윈도우 환경이나 기타 사용환경에 꽤 익숙할 것이라 가정을 하고 있다. 또한 파이썬은 많이 알려진 프로그래밍 언어로 찾아볼 필요가 있는 자료들은 인터넷 상으로 문서든 동영상이든 다양한 방식으로 준비되어 있기 때문에, 명령어나 인터페이스의 기본 지식에 대한 지나치게 자세한 설명이라던 지, 타 프로그램 교재처럼 하나하나 친절한 스텝을 밟아가지는 않을 예정이다. 따라서 설명이 조금 불친절하다고 느낄 수 있으나, 개념과 전략 등 좀 더 필요한 부분에 집중하고 이를 자세히 설명하기 위하여 부득이하게 늘어질 수 있는 설명을 생략했다고 이해하고 너그럽게 이해해주기 바란다. 파이썬 문법상의 궁금증이 있을 때는 언제는 인터넷을 통해 검색하면 간단하고도 친절한 설명을 바로 얻을 수 있으니 함께 활용해주도록 한다.

● 왜 파이썬인가?

파이썬은 현재 세계적으로 가장 인기 있는 프로그래밍 언어이다. 일반적으로 이러한 인기의 이유는 첫째, 우선 파이썬의 언어구조가 보기에 너무나 간단해 보이기 때문이다. 데이터의 타입도 지정할 필요가 없고, 기타 명령어 상에도 실제의 영어와 매우 유사하며, 프로그래밍 언어를 전혀 몰라도 읽어보면 거의 정확하게 의미를 알아낼 수 있는, 즉 손쉽게 접근할 수 있는 언어이다. (예: if x〉3: print("3보다 크다") —〉 3보다 크면 "3보다 크다"라고 출력하라) 둘째, 인공지능, 머신러닝, 빅데이터, 데이터시각화 등이 현 시대의 트렌드가 되면서, 이러한 다양한 영역에 활용 가능한 파이썬이 다시금 주목을 받았기 때문이다. 이런저런 고민 없이 일단 '단순한' 파이썬을 공부하고 나면 나중에 '다양한' 분야에 접목이 가능하니, 이보다 좋은 선택이 어디 있겠는가?

사실 파이썬이 단순해서 좋은 점만 있는 것은 아니다. 간단하게 보이게 하기 위해 무리하게 단순화함으로써, 나중에 분석하고 파악하기 어려워지고, 사소한 빈 칸 개수들 때문에 전체 문법이 어그러지는 희한한 상황에 자주 직면하게 된다. 또한 이런저런 이유로 실행속도 또한 다른 언어에 비해 매우 느리므로, 꼭 장점만 있다고 볼 수는 없겠다. 하지만 프로그래밍 전공자가 아닌 건축가에게는 '접근하기 쉬워 보이는' 장점이 아주 크며, 이를 시작으로 미래에 필요하다고 생각하는 언어로 발전시켜 접근하는 시작점으로 매우 유용하다고 할 수 있다. 게다가 우리가 많이 쓰는 라이노 프로그램이 파이썬을 대표 언어 중 하나로 지정해주었으니, 파이썬 공부에 대한 필요성은 충분하다고 할 수 있다.

● 알고리즘이란 무엇인가?

알고리즘의 사전적인 정의는 "문제를 해결하기 위해 명령들로 구성된 일련의 순서화된 절차"이다. 지금이야 프로그래밍 언어에 익숙하지 않고 명령어만 알면 현란한 디지털 조형을 마음껏 만들 수 있다고 생각할지 모르지만, 사실 언어나 명령어야 몇 가지만 알면 금방 익숙해지는 것이고, 조형을 만들기 위한 전략과 이를 수행하기 위한 다양한 단계를 효율적으로 구성하는 능력을 키우는 것이 훨씬 중요하다. (당연한 이야기지만, 영어사전을 통째로 외운다고 영어를 잘하는 것이 아니다)

예를 들어 오전의 일과를 알고리즘으로 생각해보자. 어느 월요일 오전 눈을 뜬다. 일어나서 세면, 아침식사 후 가방을 챙기는 등 학교에 갈 준비를 한다. 다음 화요일도 마찬가지. 그러다 주말이 되면 오전에 다른 준비 없이 그대로 오후까지 잠을 잘 수 있다. 그런데 평일과 주말만 구분하면 될까? 방학도 있고, 공휴일도 있고, 매일 매일 상황에 맞추어 결정을 하다보면, 1년의 오전 일과를 구성하는데 365 가지 경우를 모두 고려하여 작성해야 한다.

이쯤 되면 무슨 이야기를 할지 대충 짐작하고, '누가 그렇게 바보같이 나열한다고..' 라고 생각하겠지만, 건축설계 프로그램을 이용하는 사람들은 도면을 그릴 때나 조형을 만들 때나 렌더링을 할 때나 정말 놀랍게도 우직한 방식을 고집하곤 한다. 왜? 신경 쓰느니 일단 만져서 시작하는 것이 편하다고 생각하기 때문이다. 하지만 설계 작업에서, 특히 디지털 프로그래밍의 작업에서 효율적인 알고리즘 구성은 정말 많은 도움이 된다. 처음에 구상하는 단계는 조금 번거롭지만, 바람직한 알고리즘을 통한 작업은 논리를 갖추게 되고, 이후 분석, 변형, 제어 과정에서 매우 효율적인 유연성을 확보할 수 있게 해 준다. 위의 예를 그럴듯한 알고리즘으로 풀어보자면 다음과 같을 것이다.

-눈을 뜬다 -〉 평일인가? -〉N-〉 계속잔다.

-〉Y-〉공휴일인가?-〉Y-〉계속잔다

-〉N-〉등교준비

-365회 반복한다.

지금 알고리즘의 필요성을 역설하는 것에 대해 충분히 이해가 가지 않는다 하더라도, 제어 가능한 작업의 효율성을 위해 적절한 전략을 세우는 것이 중요하다는 것은 다들 이해하리라 생각한다. 또한 이러한 능력은 반복되는 훈련을 통해서만 얻을 수 있다는 사실도 언급해 둔다.

● API (Application Programming Interface)란 무엇인가?

일반 프로그래밍 언어인 파이썬으로 어떻게 라이노를 움직이는가?

라이노를 비롯한 프로그램들은 각종 명령어(함수)를 모아놓은 라이브러리를 가지고 있다. 당연히 이는 복잡한 내부구조를 가지고 있는데, 이러한 복잡한 구조에 대한 이해가 전혀 필요 없이 이 라이브러리를 사용하게 해 주는 것이 바로 API이다. API란 Application Programming Interface를 줄인 표현으로, 라이브러리에 접근하는 규칙들을 정의한 것이다. 이 API에 정의에 따라 입력 값을 주기만하면, 아무 걱정도, 이해도 필요 없이 라이노 명령어를 라이브러리에서 불러서 사용할 수 있는 것이다. 대충 설명하자면 API는 메뉴판 (저절로 번역되는 메뉴판?)이라고 할 수 있을 것이다. 라이노 명령어가 필요하다고 하면, 메뉴판에서 메뉴를 고르고, 시키는 대로 선택을 하다보면 원하는 명령어를 실행할 수 있다.

라이노의 API 레퍼런스를 찾아보면 (https://developer.rhino3d.com/api/) 다음을 확인할 수 있다. 다양한 언어로 된 메뉴판들… 이라고 일단 해두자. 첫 번째 RhinoCommon은 라이노의 실제적 명령어를, RhinoScript는 마이크로소프트사의 VBScript 언어를 기반으로 하여 스크립팅을 가능하게 해주는 언어이며, RhinoScriptSyntax는 파이썬으로 작성되었으며, 파이썬으로 라이노의 다양한 명령어 접근을 손쉽게 접근할 수 있게 해주는 파이썬으로 작성된 모듈이다. 우선 여기서는, 우리는 RhinoScriptSyntax를 주로 사용할 예정이다.

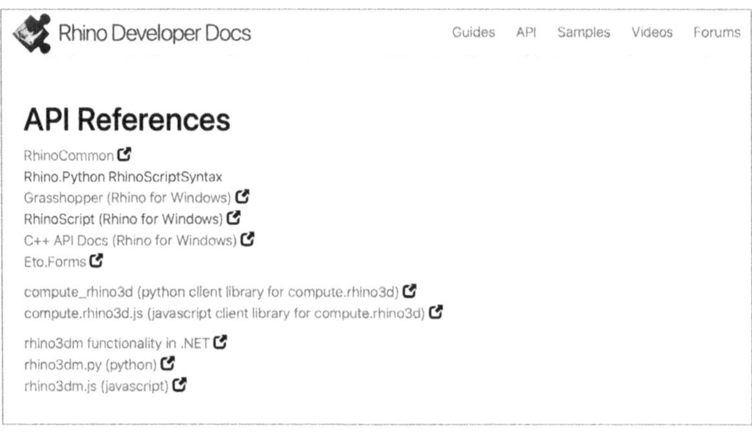

API 레퍼런스

01

Rhino Python

라이노 파이썬의 이해

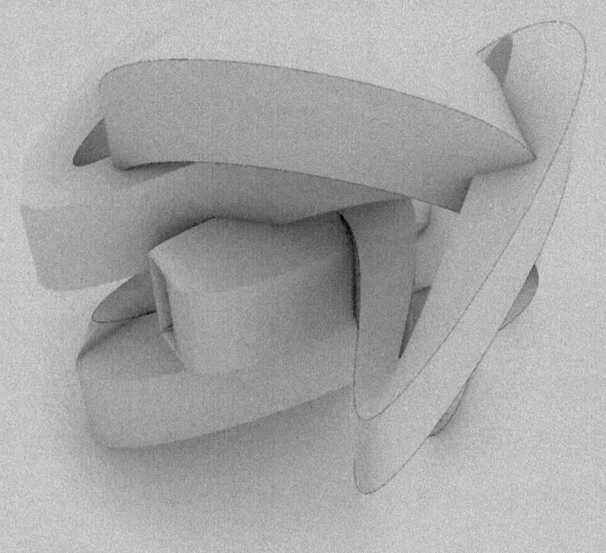

01

라이노 파이썬의 이해

1. 프로그래밍의 기본전략

자, 이제 시작할 준비는 되었으므로, 바로 라이노 파이썬에 들어가야 하지만 일단 파이썬을 기본을 알고 가는 것이 좋을 것 같다. 파이썬을 숙지하고 들어가자는 것이 아니라, 프로그래밍 언어로 할 수 있고, 해야 하는 것이 무엇인지를 대략 얼개를 확인하고 본론으로 들어가고자 한다. 앞의 알고리즘의 예를 시작으로 파이썬의 기본구조에 대해서 간단히 알아보자.

'휴일인가 아닌가'의 질문의 답은 '예' 혹은 '아니요'이다. 이를 바꾸어 말하면, 이 질문에서 요구하는 **[데이터 타입]**은 '참'또는 '거짓'이다. 다른 질문에서는 '이름'이라는 데이터 종류가 필요할 것이며, 또 다른 경우에는 '숫자'가 필요할 것이다.

위 '휴일인가 아닌가'등의 질문에서는 **[조건]**을 묻는다. '만약 이렇다면..', '그게 아니면 혹시 저렇다면..' 등의 조건에 따라 작업의 수행이 달라진다.

이 '하루 생활' 알고리즘은 하루로 끝나는 것이 아니라 **[반복]**하게 된다. 무한한 반복이 아니라, '언제까지(4년 동안)' 혹은 '어느 조건이 충족되는 한(신분이 학생인 한)' 등의 기한을 정해놓고 반복하게 된다.

'학교 갈 준비한다.'는 간단한 작업이 아니다. 일어난다 → 세면 → 아침식사 → 가방준비 등 일련의 작업을 한꺼번에 정의(define)하여 묶을 수 있으며, 이를 **[함수]**라 한다 (언어에 따라 Function, Definition, Method 등으로 불림).

이처럼 어떤 프로그래밍을 하던지 [데이터타입],[조건],[반복],[함수] 를 다루게 된다. 그리고 여기에 몇 가지 추가하자면 함수들의 조합인 [클래스], 디지털 그래픽 프로그래밍의 꽃이라 할 수 있는 [리스트 매니지먼트], 마지막으로 이러한 작업들을 가능하게 하기 위해 적절한 [모듈]을 불러와야한다는 점까지. 정리하자면 이 책에서 뿐 아니라 여러분이 뭔가 프로그래밍을 계속한다면 이 카테고리 안에서 고민하고, 이해하고, 전략을 짜고, 결과물을 만들어 낼 것이다. 다시 한 번 정리해 본다. (순서는 좀 바꿔서 정리해본다)

[데이터타입]

[리스트매니지먼트]

[반복문]

[조건문]

[함수]

[클래스]

[모듈]

이러한 기준으로 파이썬의 기초를 순식간에 훑고 지나가 보자. 매우 살짝 언급만 하고 지나갈 테니 파이썬에 대해 더 궁금한 내용이나 자세한 내용은 각자가 쉽게 검색해서 정보를 얻을 수 있을 것이다.

우선 데이터 타입에 대하여 알아보고, 그 다음은 예제를 중심으로 확인해보고자 한다.

● 라이노 파이썬의 기본전략

A 데이터 타입과 변수의 이해

모든 데이터들은 타입이 있다. 알아야할 타입의 종류는 일단 정수(integer), 실수(float), 문자열(string)','리스트(list)', 튜플(tuple), '불리언(참/거짓)(boolean)' 정도이다. 데이터 타입을 정의해주고 관리하는 것은 매우 중요한데, 파이썬에서는 편의를 위해 데이터 타입을 따로 지정하지 않는다. 쓰기에 편리하지만, 정해진 데이터 타입이 없어지는 것은 아니므로 프로그램이 복잡해지거나 길어지면 확인이 어렵고, 에러를 찾아내기가 곤란해지기도 한다. 하지만 일단 스크립트 작성이 쉬우므로, 진입장벽을 낮춰주는 장점만 일단 생각하도록 하자.

정수는 '1,2,3…', 실수는 '1.2, 3.45,5.88….', 문자열은 ''hello','tom','afdagavdagg'…', 불리언은 숫자나 문자가 아니라 '참' 혹은 '거짓', 그리고 리스트는 위에 설명한 무엇이든 여러 개를 순서대로 나열해 놓은 것을 말한다. 예를 들면 [1,3,5,9] 도 리스트로서 엄연한 데이터타입이며([ ]로 묶어서 표현해 준다), [1, "tom", [3, 4], 4.88] 역시 엄연한 하나의 데이터 타입으로 볼 수 있다. 참고로 다른 프로그래밍 언어, 예를 들면 java 같은 언어에서는 항상 데이터 타입을 지정해주어야 한다.

```
int a = 3
float b = 3.77
str c = “hello”
float [] d = [3.77,5.3,7]
```

파이썬에는 이렇게 타입을 지정할 필요는 없고 아래와 같이 단순히 표현한다.

```
a=3
b=3.77
c=“hello”
d=[3.77,5.3,7]
```

하지만 그렇다고 데이터타입이 없는 것은 아니다.

```
b=3.77
print(type(b))
```

위를 실행하면, b가 어떠한 타입인지 확인할 수 있다. 설명에서 튜플 () 을 건너뛰었는데 이는 몇 페이지 뒤에서 설명할 예정이다.

계속해서 다음 프로그래밍 문장을 들여다보자.

```
a=0
print(a)
```

위에서 a=0 이라는 말은, a가 0과 같다는 말이 아니라 a라는 변수에 0을 넣는다는 표현이다. 흔히 쓰여는 표현으로 말하자면, a 라는 상자에 0을 집어넣는다는 말이다. 지금 0을 집어넣었을 뿐, a는 결국 a라는 주소가 붙은 빈 상자일뿐이니, 언제나 다른 값으로 교체될 수 있다. 한 번 더 확인해 보자면:

```
a=0
a=a+1
print(a)
```

출력은 1이 출력된다. 애초에 '='이 등식이라면, a=a+1이라는 표현 자체가 말이 되지 않는다. 하지만 말했다시피 등식이 아니라 '오른쪽 값을 왼쪽 상자에 담는다'라는 표현이므로, 첫 줄에서는 a상자에 0을 담고, 두 번째 줄에서는 a 상자에 원래 a값인 0에다 1을 더한 1을 다시 상자에 담는다는 표현이다. 우리가 등식을 표현할 때는 '='가 아닌 '=='로 표현한다. 참고로 연산기호들을 살짝 언급해보도록 하자.

5+3==8 ➡ 5 더하기 3은 8이다.

3*4==12 ➡ 3 곱하기 4는 12이다.

7/2 != 3 ➡ 7 나누기 2는 3이 아니다.

2**3 !=7 ➡ 2의 3제곱은 7이 아니다.

6 // 2 = 3 ➡ 6을 2로 나누었을 때의 몫은 3이다.

5%2 = 1 ➡ 5를 2로 나누었을 때의 나머지는 1이다.

리스트는 여러 값을 가지는 묶음으로, 하나의 묶음인데, 그 안에 여러 칸이 순서대로 마련되어 있다고 하면 이해가 쉬울 것이다. A = [1,2,3,4,5] 를 예로 보면, A라는 주소(이름)를 가진 하나의 상자가 다섯 칸으로 나뉘어져 있고, 그 안에 1 부터 5까지의 정수 값들이 담겨있다고 볼 수 있다. A라는 주소를 가진 상자의 세 번째 값을 다오..라고 한다면 3의 값을 얻을 수 있다. 혹시해서 덧붙이자면, 프로그래밍을 할 때는 첫 번째, 두 번째… 등 순서를 매길 때, 1부터 시작하는 것이 아니라 0으로 부터 시작한다. A의 세 번째 값은 파이썬에서 A[2]로 표현하는데, 여기서 3이 아니라 2인것은 A[0] = 1, A[1]= 2, A[2]=3… 으로, 0부터 시작하기 때문이다. 이렇게 데이터의 순서를 제어하는 것을 '리스트 매니지먼트(LIST MANAGEMENT)라고 하는데, 자연스럽게 리스트 매니지먼트로 넘어가야 하지만, 여기서부터는 주요 예제를 중심으로 이해해나가도록 하자. 앞에서 봤던 튜플과의 다른 점은? 리스트는 [a,b,c]로 표현하고, 튜플은 (a,b,c)로 표현하는데, 한 번 정한 값은 변경하지 않는 경우 에는 혼용해서 사용해도 상관없지만, 리스트는 가지고 있는 정보를 더하고, 빼고, 순서를 바꾸고, 다른 리스트와 합치고…. 등등 여러 가지 조작이 가능하지만, 튜플은 한 번 만들면 고정되어 절대로 변경할 수 없다. 리스트가 훨씬 유리하구나 싶겠지만, 변경할 수 없는 매력도 있는

법이다. 어쨌든 이런 이유로 튜플 매니지먼트란 말은 없다. 리스트는 화려한 변신이 가능하므로, 리스트 매니지먼트가 나올 때를 기다리는 것도 좋겠다.

자, 바로 파이썬을 실행해보자. 파이썬은 여러 가지 방식으로 실행해볼 수 있으나, 우리는 라이노와 연동해서 사용할 것이므로 라이노 내에서 파이썬스크립트를 실행하도록 한다.

● 라이노에서 파이썬 실행하기

라이노의 도구(tool) 메뉴에서 파이썬스크립트를 선택하고, 편집(edit)을 선택하면 파이썬 스크립트 에디터 창이 생성된다. 혹은 명령어 창에서 editpythonscript를 치면 같은 창을 얻을 수 있다.

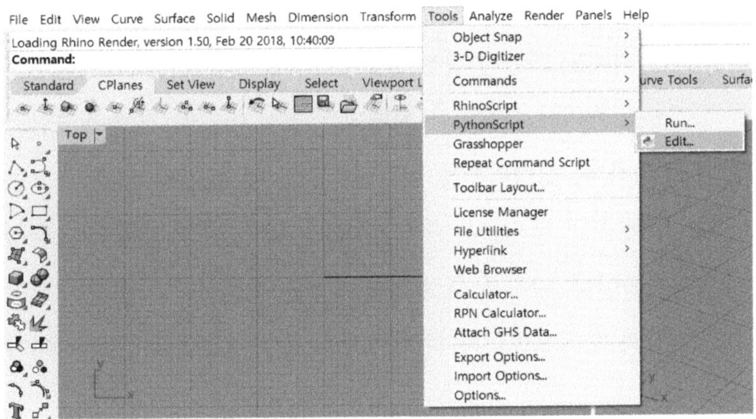

라이노 윈도우

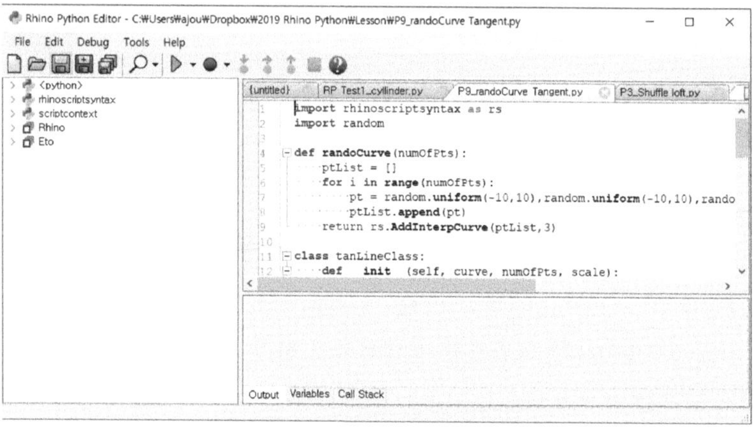

라이노 파이썬 에디터

에디터의 사용방법은 어색해보이기는 해도 꽤 직관적으로 움직이는데, 우측 창에 스크립트를 입력하고, 메뉴 아래 초록색 삼각형인 '실행'버튼을 누르면 스크립트가 실행된다. 실행에 따른 출력 값은 스크립트 창 아래 출력 창에서 보이거나, 라이노와 연동된 명령어일 경우 라이노 화면에 직접 출력된다. 파이썬에서는, 스크립트를 한 줄 한 줄 써내려갈 때마다 실행되는 것이 아니라 전체 스크립트를 다 작성한 뒤 실행버튼을 누르면 한꺼번에 실행이 된다. 스크립트 윈도우에 푸른 글씨들은 내장함수로, 이미 스크립트로 쓰여 완성된 명령어들이다. 따라서 새로 정하는 변수의 이름을 이러한 내장함수의 이름과 중복으로 사용하면 실행할 수가 없으므로 주의하여야 한다.

스크립트를 작성하다 찾아보거나 참조해야하는 내용이 있으면 윈도우 왼쪽의 레퍼런스 창에서 검색해볼 수 있다. 특히 우리는 라이노와 파이썬의 소통을 위해 RhinoScriptSyntax를 사용해야 하므로, 레퍼런스를 부지런히 찾는 연습을 해야 한다. RhinoScriptSyntax 내의 함수는 매우 많지만 절대로 많이 외울 필요가 없고, 사전으로 받아들이고 쉽게 찾아서 활용하는 연습을 해야 한다. 이제 스크립팅을 시작 할 텐데, 파이썬을 통해서 라이노의 명령어를 사용하려면 라이노스크립트신택스를 통해야하며, 파이썬에 이 모듈(Module)을 불러와야 사용할 수 있다. '모듈'의 사용을 시작해보자.

B 모듈(Module)의 활용- RhinoScriptSyntax

우선 파이썬과 라이노의 연동을 알아보자. 파이썬에서 라이노의 명령어를 쓰려면, 앞에서 설명한 것처럼 라이노스크립트 모듈을 불러와야(import)해야 한다. 형식은 "import rhinoscriptsyntax as rs "인데, 여기서 'as'의 뜻은 일반 영어구문과 마찬가지로 '~로서'의 의미이며, 앞으로 rhinoscriptsyntax를 rs로 축약하여 표현한다는 뜻이다. 예를 들어 화면에 점(point)을 그리는 명령어를 실행한다고 할 때, 라이노 명령어 AddPoint를 사용하여야 하는데(구체적인 사용법은 다음 단락에서), 당연하게도 이러한 라이노 명령어는 파이썬에 내장되어 있지 않으므로, rhinoscriptsyntax를 import 해야 한다.

```
1. import rhinoscriptsyntax
   rhinosriptsyntax.AddPoint([0,0,0])

2. import rhinoscriptsyntax as rs
   rs.AddPoint([0,0,0])

3. from rhinoscriptsyntax import *
   AddPoint([0,0,0])
```

1-3번은 모두 동일하다. 모듈 내의 명령어를 사용하려면, '라이브러리명+마침표+명령어'의 형식으로 사용하는데 여기서 마침표의 의미는 '라이브러리 내의 명령어를 불러온다'는 의미이다. 따라서 1번의 표현법인 rhinosriptsyntax.AddPoint([0,0,0])는 rhinoscriptsyntax의 AddPoint 명령어를 사용한다는 의미이다. 라이브러리명을 계속 쓰기 번거로우므로, 2번처럼 '라이브러리 as L"이라 표현하면, 매번 라이브러리 이름을 쓰지 않고 'L.명령어'의 형식으로 편하게 쓸 수 있다. 3번의 경우는 라이브러리를 통째로 불러와서 이후 따로 명기하지 않아도 마치 내장된 명령어처럼 자유롭게 쓸 수 있다. 편리해 보이지만, 필요이상으로 많은 정보를 불러서 쓰는 것은 효율적이지 않을 뿐 아니라, 여러 라이브러리를 사용할 경우 구분되지 않아 혼란스러울 수 있으므로, 주의를 기울여서 선택해야 한다. 나중에 더 언급되겠지만, 마침표를 사용하면 점점 더 내부로 들어가게

되는데, 라이브러리 내의 어떤 항목 내의 명령어로 접근하려면 '라이브러리+마침표+항목+마침표+명령어' 이런 형식으로 사용하게 된다. 일단 지금은 위1-3번 중 1번, 'import rhinoscriptsyntax as rs' 형식을 통해 라이노 명령어를 사용할 때마다 앞에 rs를 붙이도록 한다.

● RhinoScriptSyntax

이제 RhinoScriptSyntax의 명령어를 적용해 보도록 하자. 라이노에 어느 정도 익숙하다면, 명령어를 사용하는 것은 간단하다. 우선 명심해야 할 것은, 명령어를 외워서 시작하는 것이 아니라, '사전'에서 명령어를 찾아 적용하는 훈련을 통해 익숙해져야 한다. 여기서는 단순한 명령어로 시작하여 몇몇 복잡한 명령어까지 다루기는 하겠지만, 중요한 것은 이러한 명령어를 상상하고, 찾고, 적용시키는 훈련이 여러 번 필요하다는 것이다 소개되지 않았더라도 Rhino API 속을 돌아다니며 명령어를 테스트 해보도록 한다. 일단, 이 '사전'을 찾는 방법은 다음과 같다.

1. 에디터에서 직접 찾기

에디터 상 왼쪽 창에서 찾을 수 있다. 하지만 일단 뒷 방법들을 사용하는 것이 좀 더 자세하니 일단 2,3번을 따르도록 해보자.

2. Rhino Developer Docs에서 찾기

라이노 파이썬 에디터에서 Help>Rhino.Python Online으로 들어간다. 여기서 API를 누르면 API References가 나오게 되고, 여기에서 Rhino.Python RhinoScriptSyntax를 선택하면 아래와 같은 형식이 나오게 되고, 여기에서 필요한 명령어를 찾아야 한다.

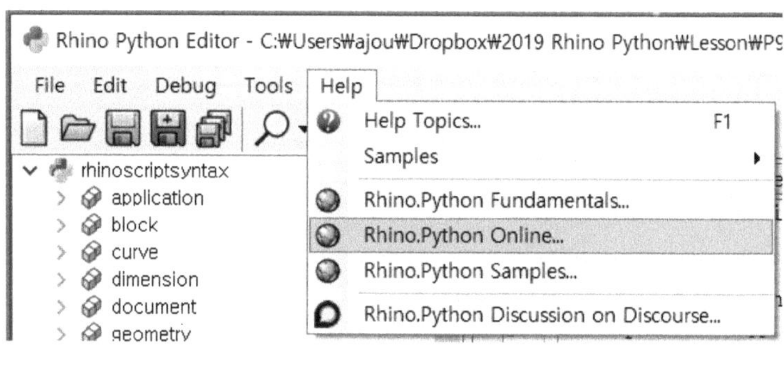

3. 위 인터페이스는 앞에서 얘기했듯 윈도우 기반의 인터페이스이고, 맥OS를 사용할 경우 다른 경우가 있다. 사실 가장 쉽게 이 라이브러리에 접근하는 방식은 구글에서 rhinoscriptsyntax를 검색해서 이 API References 페이지로 접근하는 것이다.

https://developer.rhino3d.com/api/RhinoScriptSyntax/

modules + -

Search

- **application**
- block
- curve
- dimension
- document
- geometry
- grips
- group
- hatch
- layer
- light
- line
- linetype
- material
- mesh
- object
- plane
- pointvector
- selection

application

- AddAlias
- AddSearchPath
- AliasCount
- AliasMacro
- AliasNames
- AppearanceColor
- AutosaveFile
- AutosaveInterval
- BuildDate
- ClearCommandHistory
- Command
- CommandHistory
- DefaultRenderer
- DeleteAlias
- DeleteSearchPath
- DisplayOleAlerts
- EdgeAnalysisColor

RhinoScriptSyntax 명령어를 찾아 사용하는 방법을 알아보자. 위에 언급되었던, 가장 손쉬운 명령어 중 하나인 점(point)을 생성해보는 것을 예로 하자면, 우선 RhinoScriptSyntax 중 카테고리를 골라야 한다. 항목에는 curve, geometry, surface, object등의 여러 항목이 있는데, 포인트는 geometry 항목에서 찾으면 된다.(search 창에서 직접 찾아도 되지만) 좌측에서 geometry를 클릭하면 우측 창에 geometry 관련 명령어가 알파벳순으로 나오니 적절한 명령어를 검색해서 찾으면 된다.

Geometry 카테고리 안에는 명령어들('함수'라 한다)이 알파벳 순서로 정리되어 있고, 여기서 '점을 생성하는' 명령어를 찾아야 하는데, 처음에는 이를 추측해나가는 경험이 매우 중요하다. '점'을 '생성'한다고 생각하고 찾아보면 AddPoint를 쉽게 찾을 수 있다. 물론, 라이노라고 하는 프로그램의 기본적인 작동원리와, 라이노가 무엇을 할 수 있는가에 익숙하면 익숙할수록 어떤 명령어를 찾아야 하는지, 어떻게 작동시키는지를 쉽게 추측할 수 있다.

일단 AddPoint라는 명령어를 찾고 나면 이에 대한 설명이 나오는데, 이를 간략히 분석하면 다음과 같다.

AddPoint(point, y=None, z=None):

명령어를 쓰는 형식이다. 바로 아랫줄에 이에 대한 설명이 적혀져 있다. 괄호 안은 매개변수(parameter)를 나타내는데, 명령어를 작동시키기 위한 정보이다. 뒤에 함수(Function)를 설명하는 부분에서 매개변수와 인수 등의 정의에 대해서 좀 더 알아볼 것이다. 점을 더하는 데 어떠한 정보가 필요할까? 오래 생각할 것도 없이 x,y,z축의 좌표만 있으면 더 이상의 정보가 필요하지 않다는 것을 쉽게 떠올릴 수 있다. 괄호 안에 (point, y=None, z=None)을 보면, point는 점의 위치이고, y,z는 무엇일까? 일단 '=None'이라는 표시는 변수를 넣지 않아도 None, 즉 없는 걸을 기본 값으로 하겠다는 선언이다. 따라서 지금은 크게 신경 쓰지 않도록 하자.

Parameter:

앞서 설명한 변수 값에 대한 설명이다. 설명을 보면, point 변수 자리에는 point객체(point3d)나 리스트 값(x,y,z)을 요구한다. 여기서 중요한 것은 x,y,z의 각 값을 나열하면, 이는 세 개의 변수로 취급되므로, 리스트의 형식으로 기입해야 한다. 리스트의 형식[x,y,z]이나 튜플(x,y,z)의 형식 모두 사용이 가능하다.

Returns:

앞에서 간단히 설명했던 함수(Function)와 마찬가지로 명령어를 실행하고 나면 결과물인 return값이 있게 되는데, 어떠한 리턴값을 얻게 되는지를 알려준다. 여기서는 GUID 값을 결과물로 얻게 되는데 (3d포인트 말고), 이것은 포인트를 생성하긴 하지만 생성 명령어의 결과물은 실제 3d 오브젝트가 아니라 그 오브젝트를 식별할 수 있는 ID라는 뜻이다. GUID와 실제 오브젝트의 차이를 인지하는 것은 라이노 파이썬을 사용해 나가는데 있어 매우 중요하다. Rhino scriptsyntax말고 Rhino.common을 같이 사용하는 경우, 특히 grasshopper에서 파이썬을 쓸 때 많은 충돌에 직면하게 되는데, 여기서는 일단 개념만 인지하고 넘어가도 좋다. 익숙해지면 GUID와 실제 오브젝트를 혼용, 변형하는 데 큰 어려움없이 진행할 수 있다.

Example:

어떻게 응용하는지 사례를 보여준다. 파라미터 값에 점이 튜플 형식으로 들어간 점과, 나머지 파라미터 값이 없다는 점을 다시 한 번 확인해보자.

See Also:

관련 명령어나 참조하면 좋은 내용을 언급하고 있다. 여유가 있을 때 확인해보면 좋다.

그러면 점을 한 번 찍어보자(example에 나온 것과 동일)

```
import rhinoscriptsyntax as rs
rs.AddPoint([0,0,0])
```

첫 점 하나 찍는데 꽤나 오래 걸렸지만, 다른 명령어들도 모두 똑같은 방식으로 찾고, 해석하고, 응용하면 될 것이다. 명령어 하나만 더 확인해보자. 원을 그린다고 가정해보면, 원을 그리는 명령어는 라이노 상에서 그리는 것이니 rhinoscriptsyntax를 import를 해야 할 것이고, 원은 curve이니 curve 항목에서 찾을 수 있고, AddCircle 명령어를 쉽게 찾을 수 있다. 원을 그리는 데 필요한 변수를 생각해보면, 기준점과 반지름이 있으면 원을 그릴 수 있다. AddCircle 명령어의 필요변수들도 당연히 기준점과 반지름이 요구될 것이다. 한번 찾아서 확인, 적용해보자.

● Curve

이제 점을 찍어 보았으니, RhinoScriptSyntax 활용도로 조금 더 높여보자. 앞서 기술한 대로, 라이노는 커브(NURBS Curve)를 기본으로 하며, 커브를 그리고, 커브를 이어 면을 만들고, 이를 분석하여 다시 점과 커브를 찾아내고, 찾아낸 커브로 다시 면을 만들어 가다듬고...의 과정이 기본이며 거의 전부라 할 수 있다. 대부분 알다시피 NURBS 커브를 그리는 방법은, 시작점과 제어점들, 그리고 끝점을 지정하고, 커브의 degree를 정하면 커브를 얻을 수 있다. 또한 같은 커브지만 제어점들이 아니라 통과점들을 지정하여 Interpolate Curve의 형식으로 그리는 방법도 있는데, 정해놓은 점들을 통과하는 커브를 얻어야 하는 경우 유용한 방식이며, 여기에서도 Inte rpolate Curve를 기본으로 그려보자. Interpolate Curve의 경우 필요한 정보는 두 점 이상의 점들, 그리고 커브의 degree만 있으면 된다.

AddInterpCurve

```
AddInterpCurve(points, degree=3, knotstyle=0, start_tangent=None, end_tangent=None)
```

```
Adds an interpolated curve object to the document. Options exist to make
    a periodic curve or to specify the tangent at the endpoints. The resulting
    curve is a non-rational NURBS curve of the specified degree.
```

https://developer.rhino3d.com/api/RhinoScriptSyntax/#curve-AddInterpCurve

커브를 한 번 그려보자.

```
import rhinoscriptsyntax as rs
rs.AddInterpCurve([(0,0,0),(10,20,-30),(35,30,30),(50,2,-20)],
3)
```

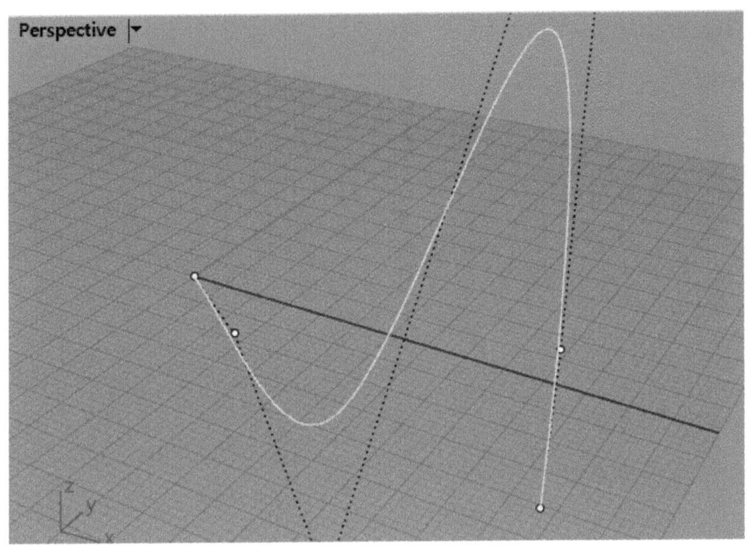

AddInterpCurve 사용 예

위 파라미터의 points에 각 점의 좌표는 튜플로 묶고, 이 점들을 리스트에 담아 하나의 인자로 표현한 것을 확인한다. [(x1,y1,z1),(x2,y2,z2),(x3,y3,z3)............(xn,yn,zn)]

● 데이터 타입/변수를 활용해 보자.

명령어를 테스트하기 위해서는 이런 방식도 괜찮지만, 앞으로 변수들을 활용하여 다양한 규칙을 만들어내기 위해서는, 앞에서 설명한 데이터 타입과 변수 할당을 잘 활용해야 한다. 변수 상자에는 정수, 실수, 문자, 튜플, 리스트 등 많은 것을 담을 수 있으며, 이제

RhinoScript syntax에서 만들어진 GUID들도 담길 수 있다는 알아야 한다. 다시 말하면 점의 좌표들도 자료상자에 담을 수 있고, 만들어진 커브도 자료상자에 담을 수 있다는 뜻이다. 앞의 커브 만들기를 변형해 보면:

```
import rhinoscriptsyntax as rs
pt1 = (0,0,0)
pt2 = (10,20,-30)
pt3 = (35,30,30)
pt4 = (50,2,-20)
curve1 = rs.AddInterpCurve([pt1,pt2,pt3,pt3],3)
```

이렇게 표현해도 같은 커브를 얻을 수 있으며, 포인트들을 담아 하나의 리스트를 만들어

```
import rhinoscriptsyntax as rs
pt1 = (0,0,0)
pt2 = (10,20,-30)
pt3 = (35,30,30)
pt4 = (50,2,-20)
points = [pt1,pt2,pt3,pt4]  #각 포인트를 담아 리스트를 만든다
curve1 = rs.AddInterpCurve(points,3)
```

이렇게 표현해도 같은 결과를 얻을 수 있으며, 이렇게 변수를 적절히 할당하는데 익숙해지는 것이 앞으로의 활약(?)을 위해 매우 중요하다고 할 수 있다.

이제 2개의 커브를 이용하여 서피스를 만들어 보자.

```
import rhinoscriptsyntax as rs

pt1 = (0,0,0)
pt2 = (10,20,-30)
pt3 = (35,30,30)
pt4 = (50,2,-20)
points1 = [pt1,pt2,pt3,pt4]
curve1 = rs.AddInterpCurve(points1,3)

pt5 = (0,110,-20)
pt6 = (10,130,30)
pt7 = (35,110,-10)
pt8 = (50,120,20)
points2 = [pt5,pt6,pt7,pt8]
curve2 = rs.AddInterpCurve(points2,3)
```

```
srf = rs.AddLoftSrf([curve1,curve2])
```

위와 같이 두 개의 커브를 만들고, Loft 명령어를 찾아 이를 연결하여 서피스를 만들 수 있다. AddLoftSrf 명령어를 찾을 때는 당연히 Surface 카테고리에서 찾아야 하며, 이 경우 첫 번째이자 유일한 필수 인자에 커브들을 하나의 리스트로 부여하는 것을 잊어서는 안된다.

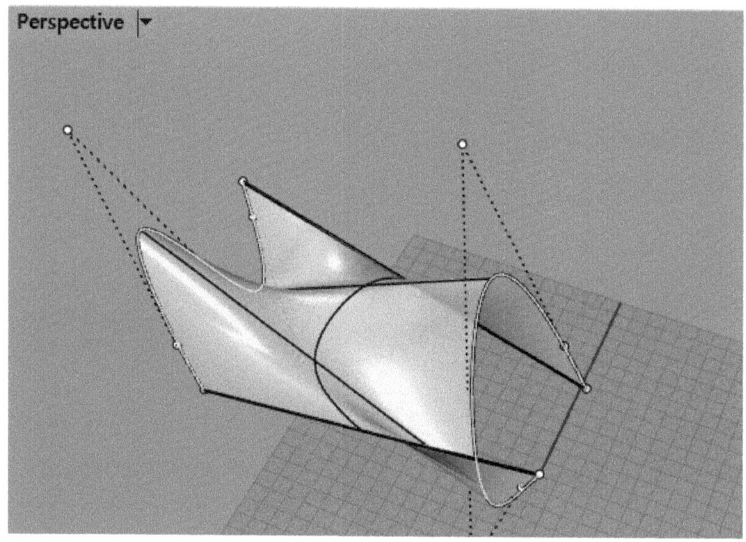

두 커브를 이용한 서피스 생성(AddLoftSrf)

이처럼 커브들을 이용하여 서피스를 만들어낼 수 있지만, 포인트를 하나하나 기입하는 것은 그다지 효율적이지 못한 것으로 보인다. 또한 포인트의 개수가 많아지거나 커브의 개수가 많아질 경우 감당할 수가 없기도 하고, 프로그램의 정수인 간략한 규칙과 이의 변용을 표현하기에는 무리가 있어 보이므로, 정보를 일일이 기입하지 않고 자동적으로 만들어지는 경우를 살펴보자. 그 전에, 몇 가지 예제를 통해 반복문과 조건문을 살짝 배우고 넘어가도록 한다.

C 반복문(LOOP)의 활용

다음을 통해 반복문을 이해해 보자.

```
x = 0.                    # 변수 x에 0 을 할당
for i in range(5):        # 아래 들여쓰기된 부분을 5 번 반복
    x = x + 1             #x에 1을 더하라 (….는 빈칸 4개를 의미)
    print(x)              # x값을 출력하라.
```

위 스크립트를 실행하면? 답은 5이다. 왜? 0에다 1을 다섯 번 더해서 출력했으니까. 위의 스크립트 중 반복구문에 대해 설명하자면, 반복문은 " for A in B : " 의 형식을 지닌다. 위 스크립트의 두 번째 줄을 보면, A가 i 이고, B가 range(5) 에 해당한다. range(5)의 뜻은, 그래스호퍼를 쓰는 사람들은 익숙하겠지만, range(0,5,1)을 줄여서 쓴 것으로, "0부터 5미만까지, 1씩"을 뜻한다. 0부터 시작하

거나 1씩 단계가 변하는 것은 기본 값이므로 생략이 가능해서, range(5)로 표현이 가능한 것이다. 그러므로 B는 정수로 이루어진 [0,1,2,3,4]가 된다. A는 무엇일까? A in B 로 표현했듯이, B 속에 포함된 각 인자를 뜻한다. 무슨 말이냐 하면, 처음엔 0 (B의 첫 번째), 그 다음엔 1(B의 두 번째), 그 다음엔 2(B의 세 번째), 그 다음엔 3(B의 네 번째), 마지막으로 4(B의 다섯 번째) 가 된다. 이 말은 결국 다섯 번 반복된다는 것과 같은 말이다. 이를 변수 i (아무거나 상관없지만)로 표현했고, 파이썬이라 데이터타입이 따로 표시되지 않지만 i는 정수이다.

콜론(:) 표시는 파이썬 내의 약속으로, 이 한 줄로 끝나는 것이 아니라 아래에 들여쓰기가 되어있는 줄은 모두 이 콜론표시가 되어있는 줄의 영향 아래에 있다는 표현이다. 이 '들여쓰기'가 또 파이썬의 강점이자 단점인데, 다른 언어, 예를 들어 자바(JAVA)같은 언어에서는 이 들여쓰기부분을 { 와 }로 표현하여, 들여 쓰든 말든 상관없이 하나로 묶어놓는다. 파이썬에서는 { } 기호가 없이 간편한 대신, 들여쓰기를 철저히 지켜주어야 한다. 게다가 들여 쓴다고 되는 것이 아니라, 여러 줄이 들여쓰기가 되어있다면 각 줄의 들여 쓴 칸 수는 정확히 일치해야 한다. 쓸 때는 편해도 스크립트가 길어지면 매우 짜증나는 상황들이 발생하는데, 파이썬 이용자는 이를 감수해야 한다. 위에서 설명한 것처럼, 아래의 스크립트도 위 스크립트와 완전 동일하다.

```
x = 0.                  # 변수 x에 0 을 할당
for n in [1,3,4,7,9] :  # 아래 들여쓰기된 부분을 n이 1,3,
                          4,7,9가 되도록 반복(5번반복)
    x = x + 1
print(x)
```

i 가 n으로 바뀌고, [1,2,3,4,5]에서 [1,3,4,7,9]로 바뀌었지만, i든 n 이든 상관없이 다섯 번 반복하는 역할 외에는 전혀 역할이 없으므로, 결과가 동일할 수밖에 없다. 중요한 것은 본 예제는 정수 리스트 안의 정수들을 나타내고 있지만 다양한 요소들이 사용될 수 있다는 점이다. 커브리스트 안의 커브들, 객체 안의 객체들, 문자열 안의 문자들… 등을 다양하게 활용할 수 있으며, 이러한 기능은 생각보다 매우 활용도가 높다. 위 스크립트에서는 i 값이든 n 값이든 활용하지 않았지만, 이제 활용해보자.

```
import rhinoscriptsyntax as rs
for i in range(10):
    rs.AddPoint([i,i,0])
```

i값이 계획 변하면서 변화된 좌표에 포인트를 생성하는 것을 알 수 있다.

● 2중 반복문(Nested Loop)]

반복문은 2중, 3중 구조로도 가능하다. 이를 Nested Loop 라고 하는데, 반복문 안에 반복문이 있는 경우이다. 3번 반복하라는 반복문 안에 2번 반복하라는 반복문이 있으면, 총 3*2 = 6 번을 반복하는 것이다. 다음을 확인해 보자.

```
import rhinoscriptsyntax as rs

for j in range(10):
    for i in range(10):
        rs.AddCircle((i*10,j*10,0),(i*1+j*1)+1)
```

j 가 0부터 9까지 반복되는데, i는 j가 0일때 0부터 9까지 9번, j가 1일때 0부터 9까지 9번…..이렇게 총 10 * 10 = 100번의 반복을 하게 된다. 그리고 이 i 와 j의 위치를 기준으로 원의 중심점을 설정하고, 원의 반지름 역시 i,j 값을 기준으로 변화하도록 설정하면, 아래와 같은 결과물을 얻을 수 있다. 반지름 마지막에 1을 더한 것은, 1을 더하지 않을 경우 최초의 원의 반지름이 0이 되므로 에러를 일으켜 결과 값을 얻을 수 없기 때문에 최솟값으로 1을 설정하였기 때문이다.

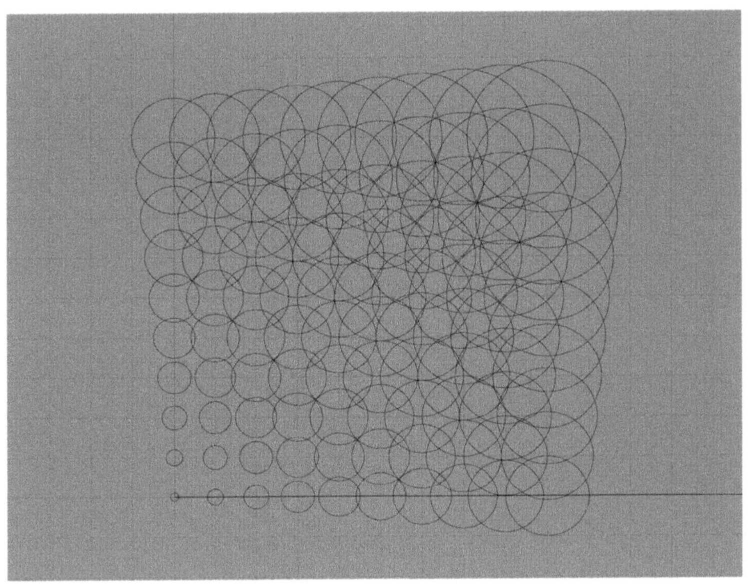

이중반복문을 활용한 구성

위에서 AddCircle 명령어를 한번 찾아서 실행해보라는 숙제를 줬었는데, 한 번 더 확인해보자. AddCircle을 찾아보면, 요구되는 정보는 중심점과 반지름이다. 항상 주의할 점은 중심점이 x,y,z 등 세 개의 수가 하니라 '하나'의 정보를 요구하고 있다는 점이다. 이는 점의 좌표를 [x,y,z] 던지 (x,y,z) 같이 설정하거나, point = (x,y,z)로 설정하고 point 변수를 제공하거나 하는 것으로 해결할 수 있다.

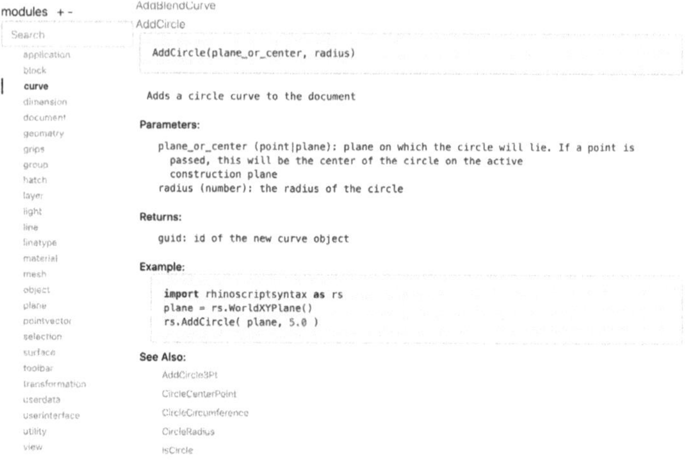

RhinoScriptSyntax : AddCircle

Nested Loop 를 보면 우리가 익히 배웠던 이차원 행렬 같은 느낌인데, 이러한 구성을 많이 활용하게 될 것이다. 3차원으로 설정하려면 이중반복이 아니라 3중 반복으로 구성하면 된다. 변수를 i, j 로 설정한 것은 관습적인 것으로, 스크립트 내용에 따라 x, y 등으로 지정해도 아무런 문제는 없다.

● 모듈: Math 모듈과 Random 모듈

RhinoScriptSyntax 모듈을 불러 사용해봤는데, 파이썬에는 다른 많은 모듈들을 불러서 응용할 수 있다. 대표적으로 사인, 코사인 함수 등 수학에 관련된 기능들은 파이썬에 내장되어 있지 않으므로, math 모듈을 불러와서 사용을 해야 한다. 예를 들어 제곱근을 구해보려면:

```
import math
print(math.sqrt(16))
```

이렇게 math 모듈을 불러서 해당 명령어를 실행해야 한다. 위에 'rhinoscriptsyntax as rs'를 썼던 것처럼

```
import math as m
print(m.sqrt(16))
```

이렇게 표현해서 m 으로 축약해 사용하거나

```
from math import *
print(sqrt(16))
```

이렇게 math 모듈의 모든 것을 불러와서 굳이 수학 명령어 앞에 뭘 붙일 필요 없이 내장함수처럼 사용하는 방법이 있다. Math 모듈로 사용할 수 있는 주요 명령어는 :

math.sin(x) ➡ x 라디안의 의 사인(sine) 값
math.cos(x) ➡ x 라디안의 의 코사인(cosine) 값
math.tan(x) ➡ x 라디안의 의 탄젠트(tangent) 값
math.fabs(x) ➡ x의 절대값 반환
math.floor(x) ➡ x를 소수점 이하 내림으로 정수로 반환
math.ceil(x) ➡ x를 소수점 이하 올림으로 정수로 반환
math.degrees(x) ➡ 각도 x를 라디안에서 도(degree)로 변환
math.radians(x) ➡ 각도 x를 도(degree)에서 라디안으로 변환
math.pi ➡ pi 값(3.141592….)
math.pow(x,y) ➡ x의 y 거듭제곱

위 함수가 주로 쓰이는 명령어들이기는 하나, 구글에 "python math module" 등으로 검색하면 상세한 내용을 파악할 수 있으니, 라이노스크립트신택스 처럼 외우기보다는 필요할 때마다 찾아서 익히는 방식을 추천한다. (https://docs.python.org/3/library/math.html)

Python » English 3.9.4 Documentation » The Python Standard Library » Numeric and Mathematical Modules »

previous | next | modules | index

Quick search Go

Table of Contents

math — Mathematical functions
- Number-theoretic and representation functions
- Power and logarithmic functions
- Trigonometric functions
- Angular conversion
- Hyperbolic functions
- Special functions
- Constants

Previous topic

numbers — Numeric abstract base classes

Next topic

cmath — Mathematical functions for complex numbers

This Page

Report a Bug
Show Source

math — Mathematical functions

This module provides access to the mathematical functions defined by the C standard.

These functions cannot be used with complex numbers; use the functions of the same name from the `cmath` module if you require support for complex numbers. The distinction between functions which support complex numbers and those which don't is made since most users do not want to learn quite as much mathematics as required to understand complex numbers. Receiving an exception instead of a complex result allows earlier detection of the unexpected complex number used as a parameter, so that the programmer can determine how and why it was generated in the first place.

The following functions are provided by this module. Except when explicitly noted otherwise, all return values are floats.

Number-theoretic and representation functions

`math.ceil(x)`

Return the ceiling of *x*, the smallest integer greater than or equal to *x*. If *x* is not a float, delegates to `x.__ceil__()`, which should return an `Integral` value.

`math.comb(n, k)`

Return the number of ways to choose *k* items from *n* items without repetition and without order.

Evaluates to `n! / (k! * (n - k)!)` when `k <= n` and evaluates to zero when `k > n`.

Also called the binomial coefficient because it is equivalent to the coefficient of k-th term in polynomial expansion of the expression `(1 + x) ** n`.

Raises `TypeError` if either of the arguments are not integers. Raises `ValueError` if either of the arguments are negative.

New in version 3.8.

Math 모듈 설명 (https://docs.python.org/3/library/math.html)

랜덤(random) 은 디자이너들에게 매우 매력적인 소재인데, 설계자가 하나하나 계획하는 것이 아니라 다른 존재에 의해 '저절로' 뭔가 만들어진다는 것은 흥미로울 수밖에 없다. 하지만 디자인에서의 랜덤이 의미를 가지려면 우리가 아무것도 하지않고 임의의 설계를 누군가 해주는 것은 별 의미가 없고, 랜덤이 힘을 가지려면 설계자의 의도와 일정한 법칙이 들어가야 한다. 우리가 일반적으로 생각하는 랜덤은 주사위를 던지는 것이다. 1-6까지의 기회가 균등하게 나타나게 되는데, 이러한 무작위 랜덤에도 몇 가지 기준이 있다. 1-6까지, 정수로만, 각 수의 기회는 동등하게… 뭐 이런 제한 요소들이 랜덤의 설계 조건이 된다. 참고로 컴퓨터에서의 랜덤은 진짜 우연으로 만들어지는 것은 아니고, 우연을 '흉내'내도록 프로그램 되어있는 것이다. 이를 유사-랜덤(Pseudo-random)이라고 하는데, 랜덤이 필요하지만 실행할 때마다 같은 결과를 얻고 싶을 경우 Random seed 를 정해주면 정해진 규칙에 따라 난수 형식의 값을 출력하게 된다. 깊이 들어가면 자연스러운 랜덤효과를 보여주는 노이즈(Noise)에 대해서 알아야 할 텐데, 펄린 노이즈에 대해서는 여기서는 설명을 보류하도록 하겠다. 우선 랜덤에 관련된 명령어 몇 가지만 확인하고 넘어가자.

랜덤 모듈 역시 아래와 같이 불러오고 활용한다.

```
import random
print(random.uniform(1,7))
```

결과는 1이상 7이하(미만이 아님)의 수를 균등한 비율로 출력한다. 이 외 몇가지를 더 알아보자면:

random.randint(a,b) ➡ a이상 b이하의 정수를 임의로 반환

random.choice(list) ➡ 리스트 중 아무거나 골라서 하나를 출력해줌

random.random() ➡ 가장 기본으로 0.0과 1.0 사이의 수를 출력

random.triangular(a,b,m) ➡ a 이상 b 이하, m을 기준으로.

random.shuffle(list) ➡ 리스트의 순서를 바꾼다.

Math 모듈과 마찬가지로 이를 외울 필요는 없고, 필요할 때 검색해서 원하는 명령어 형식을 얻으면 된다. (https://docs.python.org/3/library/random.html)

이제 반복문과 모듈 역시 사용할 수 있으므로, 다음을 해석해 볼 수 있다.

```
import rhinoscriptsyntax as rs
import random

for i in range(10000):
    x = random.uniform(-10,10)
    y = random.uniform(-10,10)
    z = random.uniform(-10,10)
    point = (x,y,z)
    rs.AddPoint(point)
```

결과를 예상해 보자. 1000번 반복하는 동안, x,y,z는 각각 -10에서 10사이의 랜덤한 실수이고, 이 세 실수가 각각 point의 x,y,z값이 된다. 그리고 이 point 자리에 라이노스크립트신택스 명령어

AddPoint로 점을 생성한다. 1000번을 반복해서 랜덤한 점을 찍지만, -10과 10의 한계 내에서만 찍히므로 점의 개수가 많을수록 정육면체의 형태에 가까워진다.

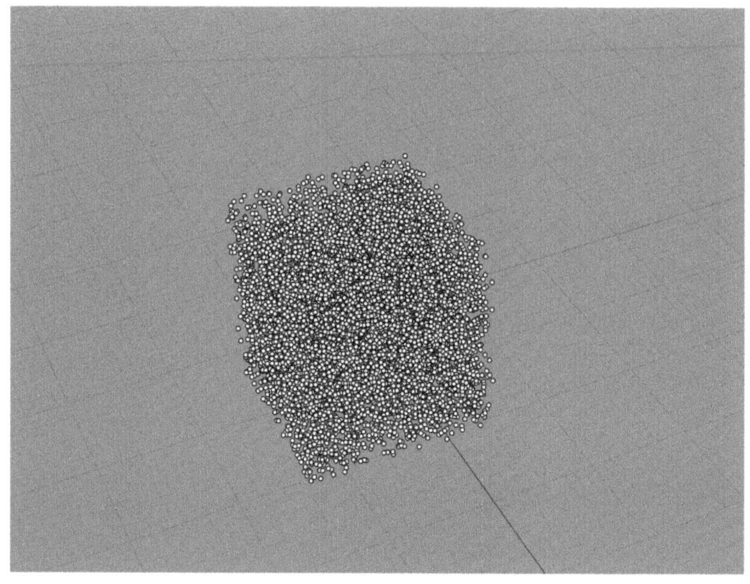

Random 과 조건문을 활용한 큐브

이 스크립트는 물론 다음과 똑같다.

```
import rhinoscriptsyntax as rs
import random
for i in range(10000):
    rs.AddPoint([random.uniform(-10,10),random.uniform(-
```

```
10,10),random.uniform(-10,10)])
```

심지어 for 구문과 아랫줄을 한 줄에 다 써도 똑같이 실행이 된다. 앞에서 커브를 만들 때도 살짝 설명하긴 했지만 변수로 나누어 표현한 이유는, 이렇게 간단하고 한 번의 결과물로 끝나는 경우야 어떻게 해도 상관없지만, 스크립트가 복잡해지면 어떠한 변수를 어떻게 활용할 지에 대한 전략을 매우 충실히 세워야 하고, 한 번 얻은 정보를 한 번만 쓰이란 법이 없기 때문에 효율적으로 변수를 생성하고 할당하는 일이 중요하다. 물론 디버깅(에러체크)을 하는 경우에도 적절하게 구분되어 있는 편이 검토하기 편리하다.

이제 반복문에 조건을 달아보자.

D 조건문(Conditional Statement)의 활용

```
import rhinoscriptsyntax as rs
import random

refPoint = (10,10,-10)

for i in range(10000):
    point = (random.uniform(-10,10),random.uniform(-10,1
```

```
0), random.uniform(-10,10))
    if rs.Distance(refPoint,point)>15:
        rs.AddPoint(point)
```

위 스크립트를 보면, refPoint 라고 레퍼런스 포인트를 잡아 놓고, 이 점과의 거리가 15 이상일때만 포인트를 만들도록 했다. 결과는 아래와 같은 도려내어진 박스이다.

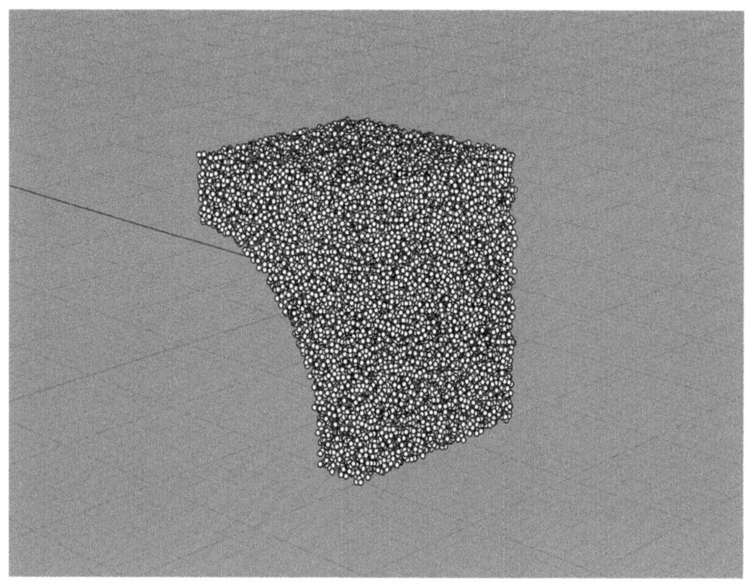

랜덤과 조건문을 활용한 결과물

파이썬의 구문들은 모두 일반 언어와 비슷해서 편리하지만, 조건문은 특히 프로그래밍을 전혀 몰라도 이해할 수 있을 정도이다. 예를 들어보면, 다음과 같다.

“a가 3 이상이고 8 미만이면 “ok”라고 쓰고, 8 이상이면 “too high”, 아니면 “too low”라고 써라” 라는 조건을 파이썬으로 표현하면:

```
a = 10
if a〉=3 and a〈8:
    print("ok")
elif a〉=10:
    print("too high")
else:
    print("too low")
```

“elif”라는 단어만 생소할 뿐 충분히 파악 가능하다. Elif 도 else if 의 준말이니(다른 언어에서는 else if로도 쓰인다) 역시 쉽게 이해할 수 있을 것이다. 중요한 것은, “참”이면 실행을 하고, “거짓”이면 실행하지 않고 다음으로 넘어간다는 점이다. 이참에 파이썬의 산수 기호에 대해서 좀 알아보자면:

a == b ➡ a는 b와 같다.

a != b ➡ a는 b와 같지 않다.

a 〉 b ➡ a는 b보다 크다

a>= b ➡ a는 b보다 크거나 같다

a // b ➡ a를 b로 나눈 몫

a % b ➡ a를 b로 나눈 나머지

조건문에는 break 와 continue 도 익숙해져야 하지만, 지금 당장 필요하지는 않으니 일단 진행하도록 한다.

비슷한 예제를 하나 더 실행해 보자. 이번에는 파악이 매우 쉬울 것이다.

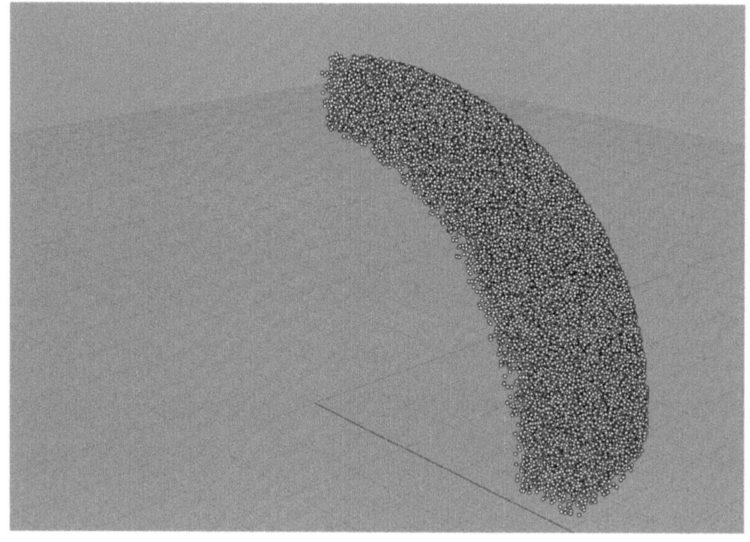

랜덤과 조건문을 활용한 결과물2

```
import rhinoscriptsyntax as rs
import random
for i in range(100000):
```

```
    point = (random.uniform(1,50),random.uniform(1,50),ra
ndom.uniform(1,50))
    dist = rs.Distance((0,0,0),point)
    if (dist>40 and dist<50):
        rs.AddPoint(point)
```

문제가 하나 생기는데, 반복문을 10만 번이나 돌려야 겨우 형체를 알아볼 수 있다. 이전의 도려진 상자 사례보다 조건문이 까다로워져서, 살아남는 포인트 수가 현저히 줄었기 때문이다. For 구문을 통해 반복을 하면 참인 포인트는 그려지고, 거짓인 포인트는 사라진다. 결국, 10만 번을 반복했지만 포인트가 몇 개나 찍혔는지는 알 수가 없다. 이상하지 않은가? 그래서 우리는 반복문의 종류를 하나 더 만나야 한다. 이 역시 이해하기 굉장히 쉬운 구조이다.

```
import rhinoscriptsyntax as rs
import random

count = 0                    ➡ 카운트를 처음 0으로 설정
while count<10000:           ➡ 카운트가 10000보다 적으면 계속 실행
    point = (random.uniform(1,50),random.uniform(1,50),ra
ndom.uniform(1,50))
    dist = rs.Distance((0,0,0),point)
```

```
if (dist>40 and dist<50):
    rs.AddPoint(point)
    count += 1  ➡ if 구문이 참일 때만 포인트를 생성하고 카
                  운트를 1 올림
```

이렇게 하면 참일 때만 카운트가 올라가므로, 버려지는 포인트 없이 10000개의 포인트를 얻을 수 있다. 참고로 count += 1은 count = count+1 을 줄여서 표현한 것인데, 관습적으로 쓰는 표현이니 익혀놓도록 한다.

E 리스트 매니지먼트(List Management)

랜덤 커브를 생성하기 전에 리스트 매니지먼트의 기초를 잠시 알아보기로 한다. 앞서 언급한대로 정보의 순서와 조합을 제어하는 것은 디지털 디자인에서 가장 중요한 부분이자 이를 익숙하게 다루는 것은 효율적인 스크립트를 작성하는 데 매우 유리하다고 할 수 있다. 여러 번 되풀이하지만 이러한 능력은 암기로 길러지는 것이 아니고, 여러 방식으로의 테스트, 실수, 검토 등 많은 노력이 필요하다고 할 수 있다. 리스트 매니지먼트는 뒤의 예제에서 많이 다뤄지고 있지만, 일단 바로 다음 예제에서 빈 리스트에 정보를 채우는 경험을 하게 되기 때문에, 기본적인 파이썬 리스트 매니지먼트에 대해서 언급한다.

리스트는 정보들이 순서대로 배열되어 있는 것을 말한다. 여러 정보가 같이 있더라도 이는 하나의 변수이며, 앞서 설명한대로 하나의 주소를 가진 여러 상자들의 묶음이라고 할 수 있다. 이 상자는 빈 상자일 수도 있고, 정보들의 순서를 바꾸거나, 더하거나, 빼거나, 다른 리스트와 묶거나 하는 등 다양한 변형이 가능하다.

다음을 보고 리스트 매니지먼트에 대하여 알아보자. 한 줄 한 줄 분석해 보며 실제 파이썬 윈도우에서 실행하여 확인해보도록 하자.

list = [1, 2, 3.55, 4, 5, 6, 7, 7,"tom","beth"]

➡ 리스트에는 정수, 실수, 문자, 리스트 등 다양한 데이터타입을 담을 수 있다.

list.sort() ➡ 리스트를 순서(오름차순)대로 정렬한다.

list.reverse()

➡ 리스트의 순서를 거꾸로 뒤집는다.

list.append("charlie")

➡ 리스트의 마지막에 "charlie"를 덧붙인다.

list.append([3,7])

➡ 리스트의 마지막에 "[3,7]"을 덧붙인다. 이때 3과 7 두 수를 더하는 것이 아닌 하나의 리스트 [3,7]을 더하는 것이다.

list.extend([7,8])

➡ 위 append와 흡사하지만, 이 경우 리스트의 마지막에 7과 8 두 수를 덧붙인다.

list.insert(3,5)

➡ 리스트의 네번째 (list[3]) 에 5를 삽입한다.

list.remove("beth")

➡ 리스트에 있는 "beth"를 삭제한다. 리스트 내에 "beth"가 두 개 이상 있다면, 맨 처음 것을 삭제한다.

del list[1] ➡ 리스트의 두 번째(list[1]) 데이터를 삭제한다.

list.pop(3) ➡ 위 del과 비슷하게 리스트의 4번째 데이터를 없애지만, 아예 삭제하는 것이 아니고 a = list.pop(3) 처럼 쓰이게 되면 리스트의 4번째 데이터를 없애고 이를 a라는 변수에 할당한다. 쉽게 말해서 리스트에서 오려내어(ctrl-x) a 변수에 붙여 넣는(ctrl-v) 것으로 이해하면 된다.

length = len(list)

➡ 리스트의 길이(데이터 수)

count = list.count(7)

➡ 리스트 안에 7이라는 데이터가 몇 개 존재하는지 카운트

print(list[2:])

➡ 리스트의 세 번째 부터 마지막까지 출력

print(list[-1])

➡ 리스트의 마지막 데이터를 출력한다. 인덱스 [-1]은 마지막을 의미한다.

print(list[2:6])

➡ 리스트의 3번째(list[2])부터 7번째 이전(list [5])까지 출력한다.

print(list[:-1])

➡ 리스트의 처음(list[0])부터 마지막 이전(list [-2])까지 출력한다.

if "tom" in list:

  print("tom is here")

➡ 리스트에 "tom"이란 데이터가 있으면(참) 아래 내용을 출력하라.

이 내용들이 리스트 매니지먼트의 전부는 아니지만, 리스트가 어떻게 제어되는지에 대해서는 충분한 설명이 될 것이다. 착실히 연습해서 익숙해지는 편이 좋다 (외우기보다는 활용을…)

이제 오랜만에 예제로 넘어가 보도록 하자.

● [반복 구문의 활용] - 임의로 생성되는 커브 만들기 (Random Curve)

반복문을 사용하여 포인트들을 생성하고, 이를 연결해 커브를 만들어 본다. 이 경우 알고리즘 순서를 먼저 정의해 보자면 다음과 같다.

1. 처음엔 비어있는 리스트(ptList)를 만든다.
2. 반복구문을 열고 (4회 반복):
   - (반복할 때마다) 포인트를 생성한다.
   - 포인트를 리스트(ptList)에 담는다. ➡ 4개의 포인트가 담긴 ptList 완성
3. ptList를 활용하여 커브를 그린다.

반복할 때마다 포인트의 위치를 지정해줘야 하는데, 일단은 간편하게 매번 랜덤한 위치에 생성을 하도록 한다. 위에서 간단히 설명한대로 파이썬에서는 랜덤 라이브러리를 import해야 하며, 스크립트는 다음과 같을 것이다. 별로 단순하게 바뀌지 않았다고 느낄지 모르지만 포인트의 개수가 아무리 늘어나도 반복횟수만 바뀔 뿐 식은 바뀌지 않는다.

```
import rhinoscriptsyntax as rs
```

```
import random

ptList = []
for i in range(5):
    pt=(random.uniform(-10,10),random.uniform(-10,10),rand
om.uniform(-10,10))
    rs.AddPoint(pt)  ➡ 편의상 넣었으나 선만 표현하려면 생략
    ptList.append(pt)

curve = rs.AddInterpCurve(ptList,3)
```

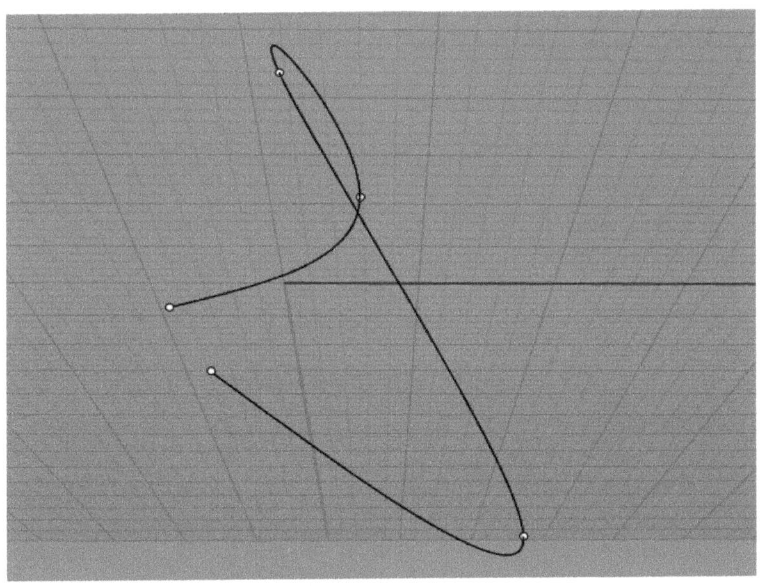

Random 포인트를 활용한 커브생성

포인트를 늘여보고 여기에 면을 더해보도록 하자.

```
import rhinoscriptsyntax as rs
import random

ptList = []
for i in range(20):
   pt = (random.uniform(-10,10),random.uniform(-10,10),r
andom.uniform(-10,10))
   ptList.append(pt)

curve1 = rs.AddInterpCurve(ptList,3)
curve2 = rs.CopyObject(curve1,(0,0,6))
surf = rs.AddLoftSrf([curve1,curve2])
```

실행할 때 마다 길고 복잡한 선(curve1)이 그려지겠지만, 이 선은 20개의 포인트를 이은 하나의 선을 기본으로 하며, 맨 아래 두 줄을 보면 이 curve1을 복사하고(z축으로 6만큼) 이 복사된 커브를 curve2로 정의했다. 그리고 이 두 커브 curve1과 curve2를 연결하여 Loft서피스를 생성한 것을 확인할 수 있다. 각자 해봐야 할 일은 이 copy와 loft 명령들을 찾아보면서, 이 명령어에서 요구하는 정보들을 확인해서 적절히 부여하는 훈련을 하는 것이다. CopyObject

명령어의 경우 커브의 id와 움직이는 방향, 즉 벡터가 필요한데, 벡터는 세 점의 좌표로 표현할 수 있다. 이 경우는 z축으로만 움직이므로, (0,0,6)을 부여했다.

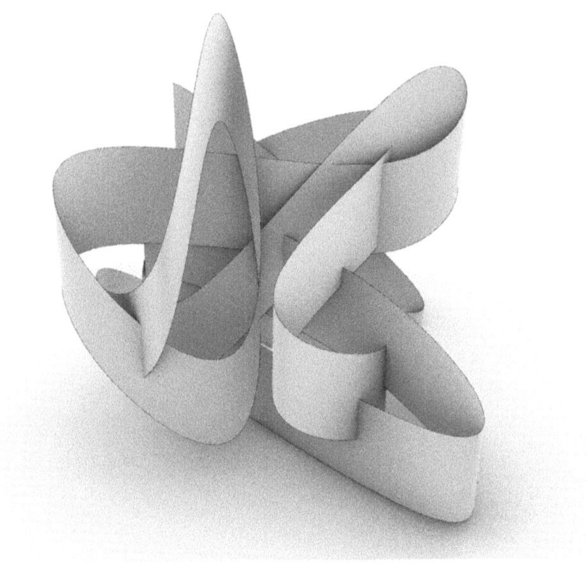

Random 커브로 서피스 만들기

두께를 추가하여 좀 더 조형적으로 해보자면, 스크립트의 맨 아랫줄에 다음을 추가하면 된다.

```
surfDev = rs.OffsetSurface(surf,3,0,0,True)
```

만들어졌던 surf1을 3만큼 옵셋하고, 이를 솔리드로 만드는 명령인데, API에서 필요한 정보, 필요 없는 정보를 파악해 공부해 보도록 한다.

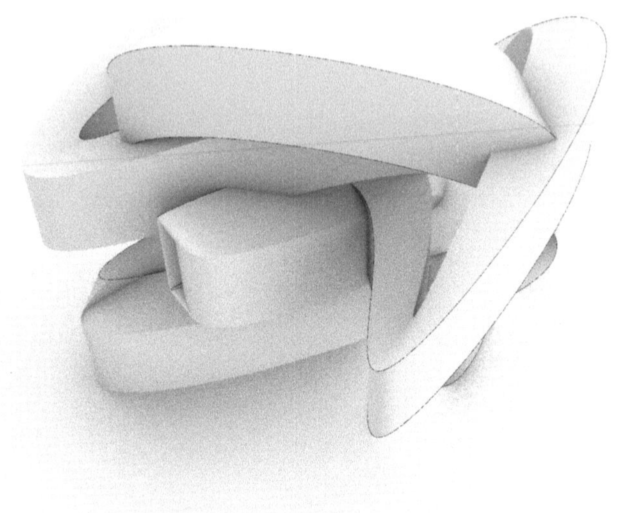

서피스를 offset하여 솔리드 만들기

현란한 모양이 얻어지긴 했지만, 지금은 모든 점들이 랜덤하게 위치하게 되므로, 아무리 규칙에 따라 상상하지 못한 조형이 나오는 것이 프로그래밍의 장점이라고 해도 매번 실행할 때 마다 알 수 없는 조형이 나오는 것은 그리 우아한 방식은 아닐 수 있다. 앞으로 조건문이나 수학적 규칙을 적용하여 조금씩 더 조형을 제어할 수 있는 방식을 훈련해 나가면 된다. 랜덤 값을 사용하지 않고, 조금 더 규칙에 집중해 보면 제어가능한 조형을 얻을 수 있다. 일단 반복문의 "i" 값과 포인트의 위치를 연동하고, sin 값을 살짝 맛보기로 적용해서 확인해 보자. 삼각함수를 사용하려면 “math” 라이브러리를 import 해야 한다.

```
import rhinoscriptsyntax as rs
import math

ptList = []
for i in range(5):
    pt = (i,i*math.sin(i*3),i*math.sin(i/2))
    rs.AddPoint(pt)
    ptList.append(pt)

curve = rs.AddInterpCurve(ptList,3)
```

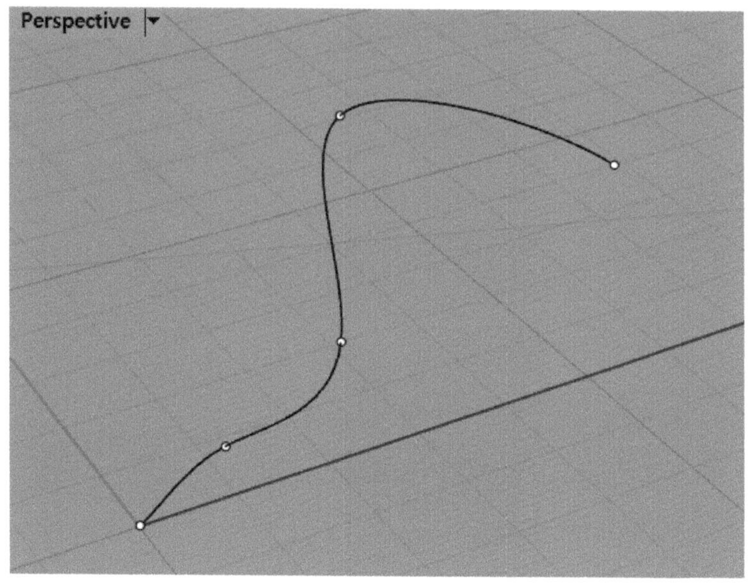

삼각함수를 이용한 커브 생성

좀 더 우아하고 제어가능한 커브(매번 실행할 때마다 결과가 같은)를 얻었다. 삼각함수 sin, cos에 대한 디테일한 이해가 없어도, 여러 가지 구성을 시도해보고 사례를 찾아 변형, 응용해가며 연습해 나가는 것이 필요하다. 기본적인 삼각함수의 지식 정도는 가지고 있는 것이 필요한데, [디지털 디자인의 기본적인 수학-삼각함수의 기본]을 시작으로 익숙해지도록 한다. 이렇게 습득한 삼각함수의 기본을 바탕으로 반복문을 다음의 예로 발전시켜보자. 코사인과 사인을 이용하여 원의 좌표를 얻는 소용돌이의 형태의 구성이다.

```
import rhinoscriptsyntax as rs
```

```
import math

ptList = []
for i in range(40):
    x = math.cos(i)*i
    y = math.sin(i)*i
    z = i
    pt = rs.AddPoint((x,y,z))
    ptList.append(pt)

curve = rs.AddInterpCurve(ptList,3)
pipe = rs.AddPipe(curve,0,3)
```

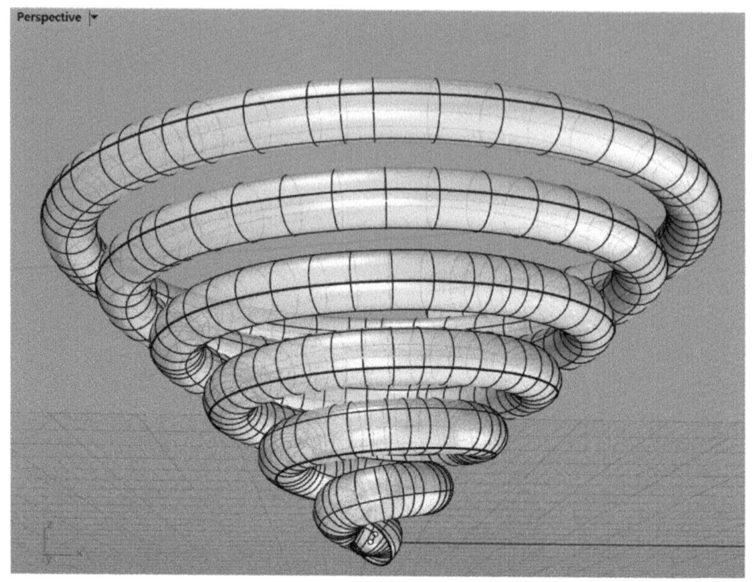

삼각함수를 이용한 커브 생성 2

● [조건문의 활용] - 띄엄띄엄 서피스

위의 “두께를 가진 커브” 예제를 기본으로 한 가지 더 연습을 해보자.

1. 랜덤으로 얻은 20개의 점으로 이루어진 커브(curve1)를 만들고 (이전 예제)
2. curve1을 특정 방향으로 한번 copy하여, 복사된 커브(curve2)를 얻는다.

3. 복사된 curve2 를 curve1로 이름을 바꾼다.

4. 2-3번을 10회 반복하면 같은 방향으로 10번 복사된 선들을 얻을 수 있다.

```
import rhinoscriptsyntax as rs
import random

ptList = []
for i in range(20):
    pt = (random.uniform(-10,10),random.uniform(-10,10),ran
dom.uniform(-10,10))
    ptList.append(pt)
curve1 = rs.AddInterpCurve(ptList,3)        ➡ 여기까지 1번

for j in range(10):                          ➡ 4번
    curve2 = rs.CopyObject(curve1,(0,1,1))  ➡ 2번
    curve1 = curve2.                         ➡ 3번
```

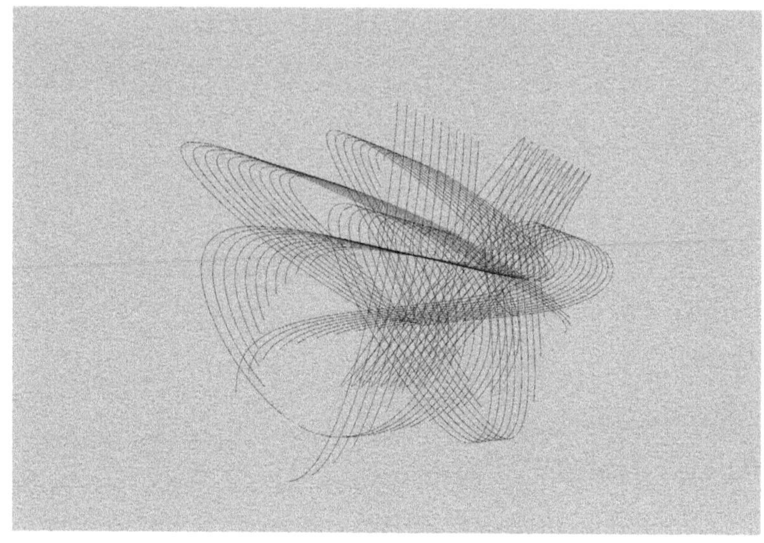

커브 복사

이제 이를 활용해서 서피스를 만들어 볼 순서인데, 로프트로 입체를 만들기 전 마지막 줄 앞에 한 가지 조건식을 덧붙여 조형을 제어해보도록 한다. 위 1-4번의 번호에서 2.5번을 더해 본다.

2.5. 반복횟수가 짝수일 경우(횟수를 2로 나누었을 때 나머지가 0)에는 curve1과 curve2를 연결하는 서피스를 생성한다.

```
import rhinoscriptsyntax as rs
import random
```

```
ptList = []
for i in range(20):
    pt = (random.uniform(-10,10),random.uniform(-10,10),ran
dom.uniform(-10,10))
    ptList.append(pt)

curve1 = rs.AddInterpCurve(ptList,3)

for j in range(10):
    curve2 = rs.CopyObject(curve1,(0,1,1))
    if j%2==0:
        rs.AddLoftSrf([curve1,curve2])
    curve1 = curve2
```

다양한 조건을 활용한 서피스 제어

랜덤, 조건문과 반복문, 그리고 약간의 컨트롤을 통해 얻어낸 조형이다. 뿌듯함을 느끼며 다음 순서로 나아가 보도록 하자.

매우 중요하지만 지금까지 언급하지 않은 내용이 있는데, 바로 함수(Function) 에 대한 내용이다.

F 함수(Functions)의 활용

지금까지 간단한 조작을 통해 스크립트를 작성해왔는데, 만약 위 예제에서 '띄엄띄엄 서피스'를 하나 더 만든다고 하면 어떻게 해야 할까? 하나를 만드는데 약 10줄 정도 필요했으니, 10줄을 더 해서 하나 더 만들고, 또 10줄을 더해서 하나를 더 만들고….

여러 줄의 코드를 하나의 묶음 명령어로 만들어, 적절한 입력 값만 주면 같은 명령들을 반복적으로 수행해주는 기능이 있다면 편리하지 않을까? 이것을 '함수'라고 한다. 조금만 생각해보면, 우리는 지금까지 계속 누군가가 만들어놓은 함수를 사용해왔다. 우리가 사용한 모든 명령어들, 즉 AddPoint, AddLoftSrf 등 라이노 명령어들이나 파이썬 명령어들은 모두 함수로 만들어진 것이다.

함수는 프로그래밍 언어에 따라 Function 또는 Method라고 불리는데, 어쨌든 함수이 기본적인 정의는 다음과 같다고 볼 수 있다.

함수: 입력 값을 주면 특정한 일을 수행하고, 이의 결과 값을 반환하는 장치이다.

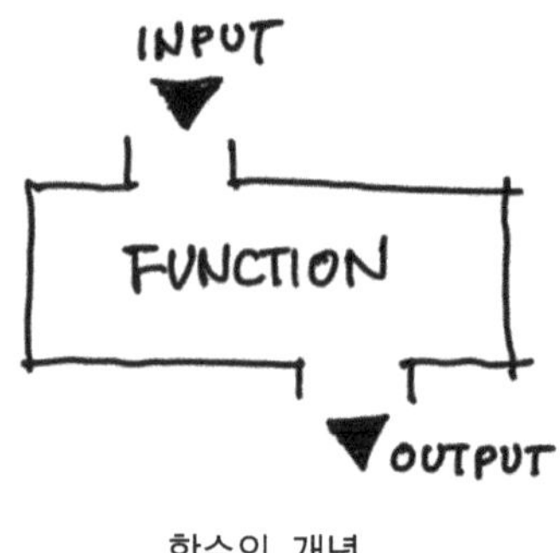

함수의 개념

함수의 기본적인 구조는 다음과 같다.

def 함수이름(매개변수): ➡ 인수(argument)를 받아서 함수를 실행

수행 작업(매개변수를 이용) ➡ 실행하는 내용(한줄 또는 여러 줄의 코드)

return 수행 작업의 결과 ➡ 반환하는 값

예를 들어, 두 수를 더한 결과 값을 얻는 함수를 만든다고 해 보면,

```
def add(a,b):
    result = a + b
    return result
```

이 함수를 실행시켜 보면:

```
print(add(5,7))
```

리턴 값으로 5와 7을 더한 12를 얻고, 이를 출력하였다. 간단한 형식이지만 이것이 모든 함수 구성의 기본이라 할 수 있다. 물론 인자나 반환 값없이도 함수를 만들 수 있다.

```
def test():
    print("done! “)

test()
```

인자도 반환 값도 없지만, 실행하면 수행 작업을 충실히 수행한다. 참고로 교재 초반에 나왔던 '이닦기'도 함수로 만들 수 있을 것이다. 물론 당연히 말이 안 되는 함수이긴 한데, 개념을 이해하기는 좋을 것이다. 이렇게 함수로 만들어 놓으면 필요할 때 마다 그냥 '양치질()' 함수를 실행하면 원하는 작업들을 수행할 수 있다.

```
def 양치질():
    for upper in range(10):
        왼쪽 오른쪽 번갈아 닦기
```

```
for lower in range(10):
    왼쪽 오른쪽 번갈아 닦기
count = 0
while count<1 :
    물로 입을 헹구기
    if mouth == clean:
        count += 1
```

인수(argument)에 대하여 이야기해보자면 인수, 인사, 변수 등 상황에 따라 교재에 따라 다르게 또는 중복되게 사용하는데, 나름 정확하게 구분하여 보자면 다음과 같다고 할 수 있다. 위 add 함수의 예를 보면:

실행할 때 add(7,8) 이라고 실행을 한다면 입력 값인 7, 8 은 인수(argument)라고 한다.

```
def add(a,b):
```

입력된 인수(argument) 값들은 이 함수의 a, b와 같은 변수로 입력 값을 전달하게 되는데, 이 변수를 인자 또는 매개변수(parameter)라고 한다. 인자나 인수나 똑같이 한자로 '끌어올 인'자를 쓰기 때문에 혼란스러울 수 있으므로 앞으로 인자란 말 보다는 인수(argument)와 매개변수(parameter)로 쓰도록 하겠다.

여기까지 보고 다시 AddPoint 함수를 찾아 들여다보면 함수, 매개변수, 반환값 등 함수의 구조가 좀 더 친근하게 보일 것이다.

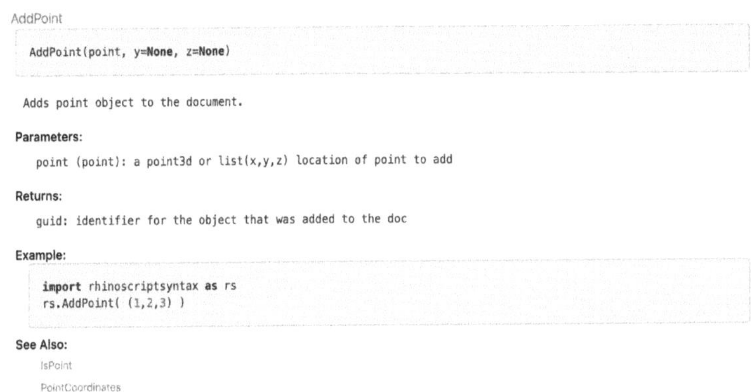

AddPoint

```
AddPoint(point, y=None, z=None)
```

Adds point object to the document.

Parameters:

point (point): a point3d or list(x,y,z) location of point to add

Returns:

guid: identifier for the object that was added to the doc

Example:

```
import rhinoscriptsyntax as rs
rs.AddPoint( (1,2,3) )
```

See Also:

IsPoint

PointCoordinates

AddPoint 함수

위 함수의 매개변수를 보면, y=None 같이 익숙하지 않은 구조가 보인다. 이것은 무슨 의미일까? 지함수를 실행할 때 인수를 정해진 매개변수보다 덜 넣더라도 실행할 수 있도록 하기 위한 것이고, 입력되지 않은 매개변수에는 자동적으로 지정(default)값을 입력하도록 하는 것이다. AddPoint 함수의 예를 보자면, 포인트의 위치에 해당하는 x,y,z 값을 각각 입력하여 세 개의 인수를 줄 수도 있고, (x,y,z)같이 하나의 튜플(리스트도 가능)로도 줄 수가 있다. 하나의 튜플로 입력하고 나면 나머지 매개변수 y, z 는 값이 없게 되는데, 이 때 y = None, z = None 등으로 기본 값을 지정해 놓는다. 이 의미는 인수가 없으면 자동으로 None 으로 취급한다는 의미이다.

여기서 다루지는 않겠지만, 인수나 매개변수의 개수가 확정적이지 않을 경우를 고려한 문법도 있다. *args, **kwargs 등이 이에 해당하는데, 한 번 검색하여 살펴보는 것도 좋을 것 같다. args, kwargs는 그냥 관용적으로 쓰이는 단어일 뿐, 아스터리스크(*) 마크가 중요하지 그 뒤에 어떤 단어가 오던지 상관은 없다. 아래의 예를 보면 좀 더 이해가 빠를 것이다.

```
def add(*args):
    a = sum(args)
    return a

print(add(1,2,6,9))
```

● [함수의 활용] - 파빌리온 만들기

이제 본격적으로 함수를 이용하여 프로젝트를 진행해보자. 이번 예제에서는 간단한 파빌리온을 함수를 활용하여 만들어보기로 한다. XZ 플레인에 복수의 커브들을 그리고, 이들을 입력 값으로 받아 자동적으로 이 커브들을 이동하고 로프트하여 파빌리온의 형태를 구성하는 함수를 만든다.

우선 입력 값은 다음과 같다.

3-4개의 커브(파빌리온의 단면이 될 수 있는)를 XZ 플레인(라이노의 프론트 윈도우)에 그린다. 함수를 실행할 때 이 커브들을 인수로 활용한다.

함수는 다음과 같은 방식으로 작업을 수행할 것이다.

- 섹션 커브로 채워질 빈 리스트를 만들고
- 매개변수로 받은 커브들을 순서대로 적당량만큼 y 축으로 이동 (순서에 비례해서) 시켜 각 커브들 간의 간격을 충분히 벌어지도록 한다.
- 간격이 벌어진 커브들을 순서대로 섹션 커브의 리스트에 더해준다.
- 섹션커브 리스트 속의 커브들을 로프트하여 서피스를 생성한다.

```
# Pavilion Generator

import rhinoscriptsyntax as rs

def PavGenerator(curves):
    sectCurves = []
    for curve in curves:     ➡ 커브들의 수만큼 반복한다는 뜻
```

```
        sect = rs.MoveObject(curve,(0,curves.index(curve)*50,0))
                                  ➡ 커브들의 순서(index)에 비례하여
                                     이동
        sectCurves.append(sect) ➡ 이동된 커브들을 sectCurves
                                     리스트에 더해줌
    srf =rs.AddLoftSrf(sectCurves)

crvs = rs.GetObjects("Pick curves to create a pavilion: ", 4).
                                  ➡ 단면이 될 커브들을 선택
PavGenerator(crvs)                ➡ 함수실행
```

커브를 선택하는 라이노 명령어를 찾으려면, Rhinoscriptsyntax API 중 어떤 것을 골라야 할까? 고르는 작업이 필요하니 selection 항목이 맞을 듯하고, Object를 하나가 아니라 여러 개를 골라야 하니 GetObject가 아닌 GetObjects를 고르면 된다. GetObjects 함수의 매개변수를 보면 모두 기본 값이 정해져있으니 아무런 인수를 주지 않아도 실행하고 커브를 고르기만 하면 된다. 매개변수를 활용하자면 앞의 두 개 정도를 사용하면 될 텐데, 첫 번째 매개변수는 메시지, 예를 들면 "커브를 고르세요.." 같은 메시지이고, 두 번째는 필터, 즉 고르는 오브젝트의 성격을 제한하는 것이다. 0은 모든 오브젝트, 1은 포인트… 등. 우리는 커브를 고르도록 할 예정이므로

이 필터 값을 사용한다면 4번을 쓰면 되겠다.

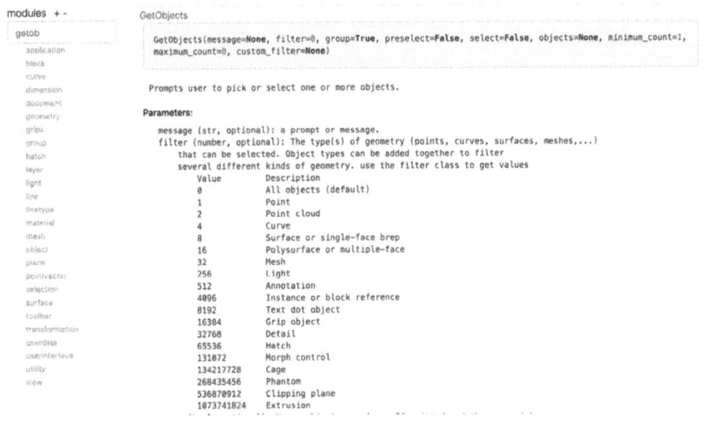

modules + -

getob

application
block
curve
dimension
document
geometry
grips
group
hatch
layer
light
line
linetype
material
mesh
object
plane
pointvector
selection
surface
toolbar
transformation
userdata
userinterface
utility
view

GetObjects

```
GetObjects(message=None, filter=0, group=True, preselect=False, select=False, objects=None, minimum_count=1,
maximum_count=0, custom_filter=None)
```

Prompts user to pick or select one or more objects.

Parameters:

```
message (str, optional): a prompt or message.
filter (number, optional): The type(s) of geometry (points, curves, surfaces, meshes,...)
    that can be selected. Object types can be added together to filter
    several different kinds of geometry. use the filter class to get values
        Value         Description
        0             All objects (default)
        1             Point
        2             Point cloud
        4             Curve
        8             Surface or single-face brep
        16            Polysurface or multiple-face
        32            Mesh
        256           Light
        512           Annotation
        4096          Instance or block reference
        8192          Text dot object
        16384         Grip object
        32768         Detail
        65536         Hatch
        131072        Morph control
        134217728     Cage
        268435456     Phantom
        536870912     Clipping plane
        1073741824    Extrusion
```

GetObjects 함수의 필터링

이제 함수를 실행하기 전에, 커브를 준비해둔다.

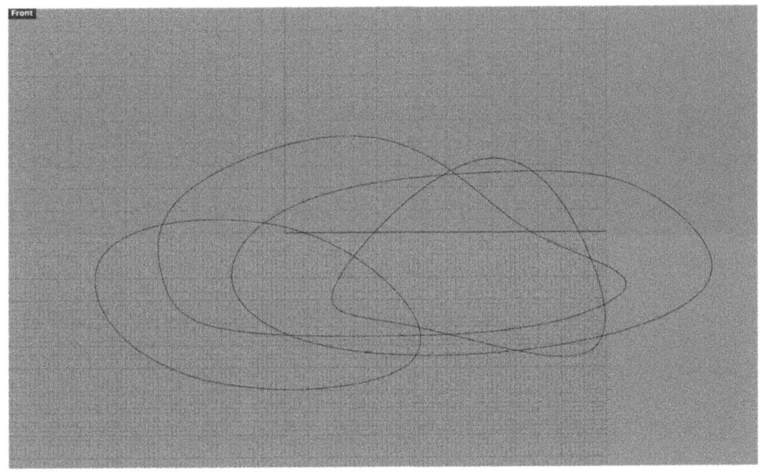

기준이 될 커브들

이제 준비된 스크립트를 실행하고 커브들을 선택하면, 다음의 결과를 확인할 수 있다.

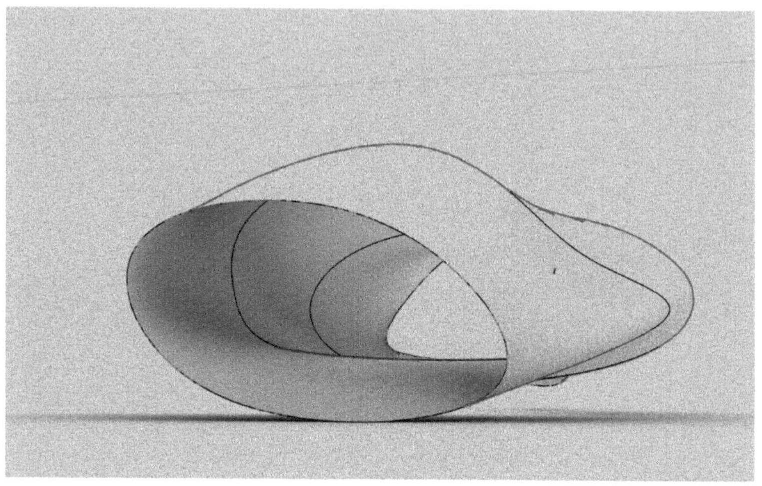

파빌리온 서피스 생성

G 클래스(CLASS)의 활용

우리는 이제 함수의 개념을 이해하였다. 함수를 얼마나 적절하게 사용하는 가는 디자인 전략과 효율적인 코딩을 위해 매우 중요하다. 이제 함수들로 이루어진 '클래스'의 개념에 대하여 알아보자. 클래스를 설명할 때는 사람이나 자동차, 혹은 쿠키커터(Cookie Cutter)를 비유를 많이 활용하는데, 대충 이들을 버무려서 간단히 이해해보도록 한다.

'A'라는 사람이 있다. A가 할 수 있는 행동은 '먹기', '말하기', '달리기'··· 등등이 있다고 가정해보자. 우리는 이제 이러한 행동들을 함수로 정리해서 사용할 수 있다는 것을 배웠다. 'B'라는 사람이 또 있다면, 이 B도 '먹기', '말하기', '달리기'···등등을 할 수 있을 것이다. C도 D도 마찬가지일 것이다.

우리가 함수를 만들어서 각각의 객체를 만들 때마다 여러 줄의 코드를 반복적으로 쓰는 것을 피할 수 있는 것처럼, 우리는 같은 성질을 가지고 비슷한 행동을 하는(비슷한 함수들을 수행하는) A, B, C, D 들을 아우르는 '사람' 이라는 상위 개념으로 분류(Classification)할 수 있다. 이때 '사람'이라는 설계도를 '클래스'라고 할 수 있고, 이 클래스를 활용해 각각의 객체(인물)들을 만들어낼 수 있다. 이렇게 각각의 인물들을 만들어내는 과정은 흡사 같은 틀(쿠키커터)로 쿠키들을 찍어내는 과정과 흡사하다. 이때 '사람'이라는 클래스는 성질(속성)과 행동(함수)을 가지도 있으며, 이러한 내용을 용어로 정의해보면 다음과 같다.

클래스(Class): 사람

- 속성(Attribute): 성별, 나이, 키 등…..
- 행동(Function): 먹기, 말하기, 달리기….

[이 틀로 객체(Object)를 찍어내면]

객체(Object): 홍길동

- 속성(Attribute): 남, 26, 170….
- 행동(Function): (피자)먹기, (영어로)말하기, (1km)달리기….

여기서 또 하나 알아야하는 용어가 있는데, 우리가 '사람이라는 클래스로 홍길동이라는 객체를 만들어야지…' 라고 했을 때 이 대상을 객체(Object)라고 언급하지만, 실제로 홍길동이라는 인물을 정의하고 실제로 찍어내어 프로그램 내에서 활동하게 만들었을 때 이 홍길동을 인스턴스(Instance)라고 부른다. 실제로 우리들이 객체와 인스턴스를 혼용한다고 문제가 생기는 경우는 적지만, 일단 객체는 좀 추상적인 의미, 인스턴스는 구체적으로 소프트웨어 내에서 사용되는 실제적인 의미라고만 이해하면 될 것 같다.

또, 사람이라는 클래스가 있으나 더 올라가면 포유류, 동물, 생명체… 등등의 공통된 성질을 가진 상위개념이 있을 수 있고, 이 상위개념의 클래스를 만들 수도 있다. 이때 가지고 있는 속성은 상속(inheritance)되며, 상속은 또 복잡하게 서로 얽히고 변화할 수 있지만 지금은 깊게 언급하지 않고 넘어가기로 한다.

클래스의 기본 구조는 다음과 같다.

Class 클래스이름 :

생성자(매개변수) ➡ 초기 값을 설정

함수들 ➡ 실행할 수 있는 함수들

클래스를 설명할 때 예로 많이 쓰이는 사칙연산 클래스를 알아보도록 하자. 사칙연산이라는 클래스 내에, 덧셈, 뺄셈, 곱셈, 나눗셈의 함수들이 있는 구성이다.

```
class Calcs :

    def __init__(self, a, b):   ➡ 생성자(Constructor)
        self.a = a
        self.b = b

    def add(self):              ➡ 함수
        return self.a + self.b

    def sub(self):
        return self.a - self.b

    def mult(self):
        return self.a * self.b
```

```
    def div(self):
        return self.a / self.b

a = Calcs(7,4)     ➡ a라는 객체 생성하고 인수 7,8 입력

b = Calcs(6,8)     ➡ b라는 객체 생성하고 인수 6,8 입력

print(a.mult())    ➡ a 객체를 클래스내의 mult 함수 실행

print(b.div())     ➡ b 객체를 클래스내의 div 함수 실행
```

위 클래스에서 처음 함수는 생성자(Constructor)이다. 생성자란 초기 값을 설정할 때 꼭 필요한 것으로, 여기서 설정된 변수들은 다른 함수 내에서도 자유롭게 사용될 수 있다. 위에서 매개변수 a와 b는 self.a 와 self.b에 할당되고, 이후 self.a 와 self.b는 아래 함수들 내에서 잘 쓰이고 있는 확인할 수 있다. 생성자는 __init__이라는 함수를 통해 호출되며(앞뒤로 언더스코어(_) 두개씩), 이 함수는 객체가 생성되는 시점에 자동으로 호출되어 a, b 객체변수를 생성한다. 다소 이해가 어려울 수 있으나 구조 자체는 복잡하지 않으므로, 예제들을 통하여 확인하고 익숙해지도록 한다.

위 파빌리온 프로젝트를 클래스로 작성해 보면 다음과 같다.

```
import rhinoscriptsyntax as rs
class Pavilion:

    def __init__(self, curves):
        self.curves = curves

    def PavGenerator(self):
        sectCurves = []
        for curve in self.curves:
            sect = rs.MoveObject(curve,(0,self.curves.index(cur
ve)*50,0))
            sectCurves.append(sect)
        srf =rs.AddLoftSrf(sectCurves)

crvs = rs.GetObjects("Pick curves to create a pavilion: ",4)
a = Pavilion(crvs)
a.PavGenerator()
```

02

Rhino Python

심화 예제

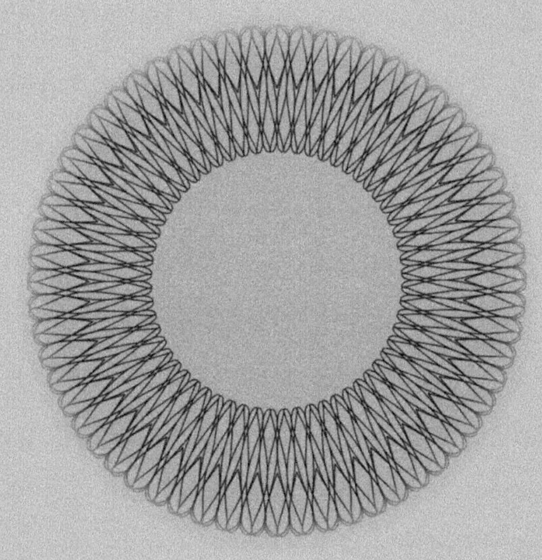

02

심화 예제

심화예제 1

[리스트 매니지먼트의 활용] – 실린더, 시프트머신

리스트 매니지먼트는 조형을 변형하고 패턴을 생성하는 데 있어 매우 중요하다. 앞에서 간단히 설명한 파이썬 리스트의 제어가 라이노에서 조형을 생성하고 변형하는 작업에도 그대로 쓰일 수 있는데, 이는 라이노 화면에 보이는 모든 요소가 좌표와 순서를 가지고 있고, 이는 모두 숫자로 표현되어 있기 때문이다. 다음의 '실린더 그리기' 예제에서는, 커브(원)를 균등한 거리의 점들로 분할하고, 이 점들의 순서를 바꾸어 비틀린 실린더를 만드는 작업을 보여준다. 여기서는 파이썬의 pop명령어를 썼지만, 다양한 리스트 제어를 통해 조형 제어에 활용할 수 있다. 우선 이 스터디의 백그라운드로 다음의 스크립트를 이해하고 실행해보자.

```
import rhinoscriptsyntax as rs

num = 20                                    ➡ 분할할 포인트의 개수

cir1 = rs.AddCircle((0,0,0),20)             ➡ 아래 원 생성
cir2 = rs.AddCircle((0,0,20),20)            ➡ 위 원 생성

pts1 = rs.DivideCurve(cir1,num,True)        ➡ 아래 원을 분할하여 점들을 pts1리스트에 할당
pts2 = rs.DivideCurve(cir2,num,True)        ➡ 아래 원을 분할하여 점들을 pts2리스트에 할당

for i in range(len(pts1)):                  ➡ pt1 리스트의 길이(데이터 개수)만큼 반복
    rs.AddLine(pts1[i],pts2[i])             ➡ pts1과 pts2의 각 점들을 순서대로 순차적으로 연결
```

마지막 줄만 짚고 넘어가면 될 것 같다. pt1은 cir1에서 얻은 포인트들의 리스트, pt2는 cir2에서 얻은 포인트들의 리스트이며, pt1과 pt2의 포인트들을 리스트의 길이만큼(len(pts1) 혹은 len(pt2)) 순서대로 전부 이어주는 스크립트이다 (pts1[0]과 pts2[0], pts1[1]과 pts2[1], pts1[2]와 pts2[2].........pts1[n]과 pts2[n]).

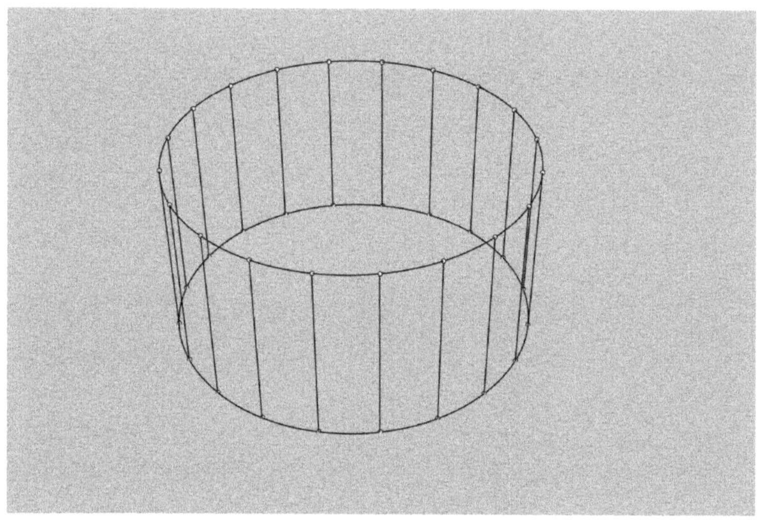

리스트 제어를 통한 실린더 생성

여기서 리스트 pts2의 순서를 바꾸어, 포인트들의 연결을 다채롭게 제어해 보자. 예를 들어, pts1[0]과 pts2[0]을 연결하는 대신, pts1[0]과 pts2[5], pts1[1]과 pts2[6]...이런 식으로 연결해볼 수 있겠다. 이 경우 위 코드의 아랫줄을 다음과 바꾸어 실행해보자.

```
for i in range(len(pts1)):
    rs.AddLine(pts1[i],pts2[i+5])
```

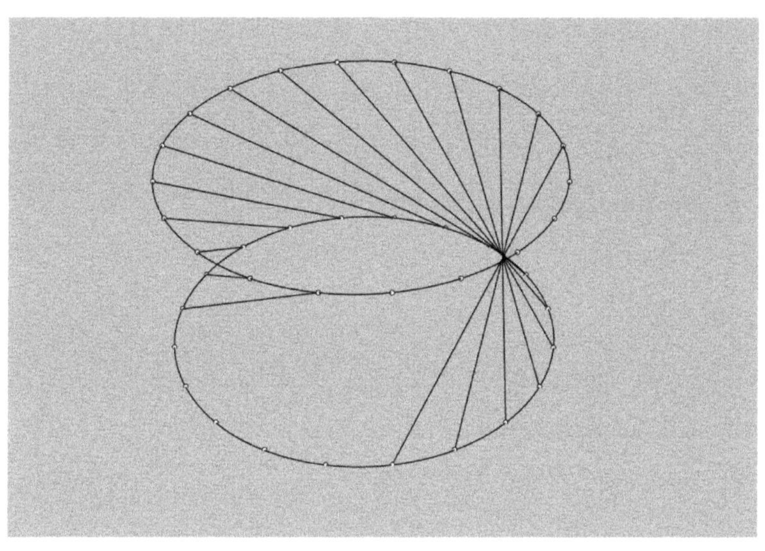

실행에러

원하는 결과대신 실행도중 에러를 일으키고 만다. 그 이유는, 처음 실행에는 문제가 없지만 [i]값이 커짐에 따라 어느 순간 [i+5]의 값이 범위(리스트의 길이)를 벗어나기 때문이다.

이를 바로잡기 위해서는 [i]와 [i+5]를 잇는 대신이, pts2 리스트의 순서를 원하는 만큼 이동해서 바뀐 리스트의 pts1[i]와 pts2[i]를 이어주면 문제없이 실행을 마칠 수 있다. 리스트의 순서를 바꾸는 방법은 앞에서 언급했던 pop명령어로 가능하다. pop명령어는 리스트의 값은 제거하는 것이 아니라, 리스트에서 값을 빼내어 주어진 변수에 할당한다. 리스트의 첫 번째 값을 빼내서 이를 다시 리스트의 맨 마지막에 추가하면, 리스트가 한 칸씩 이동한 효과를 얻게 되며, 이를 반복하면 원하는 만큼 리스트의 값을 이동시킬 수 있다.

```
import rhinoscriptsyntax as rs

num = 20

cir1 = rs.AddCircle((0,0,0),20)
cir2 = rs.AddCircle((0,0,20),20)

pts1 = rs.DivideCurve(cir1,num,True)
pts2 = rs.DivideCurve(cir2,num,True)

for i in range(6):           ➡ 5회 반복
    a = pts1.pop(0)          ➡ 리스트 맨 앞(index:0)의 수를 빼내어
                               a에 할당
    pts1.append(a)           ➡리스트 맨 뒤에 추가
```

```
for i in range(len(pts1)):
    rs.AddLine(pts1[i],pts2[i])        ➡pts1과 pts2의 각 점들을
                                         순서대로 순차적으로 연결
```

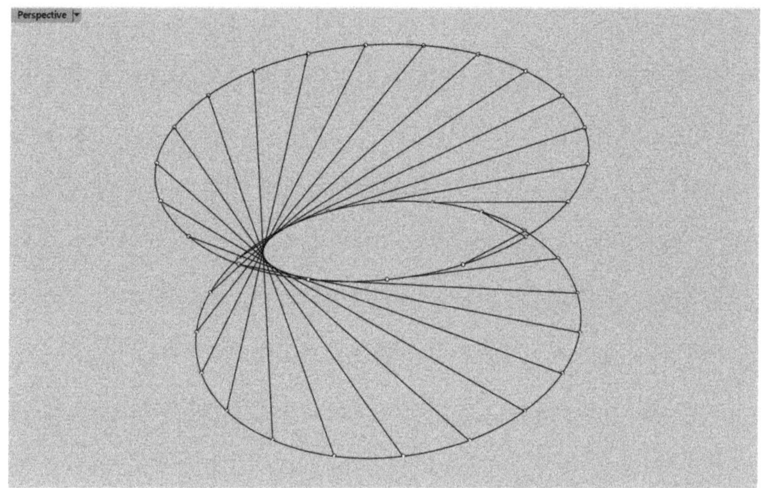

순서를 5회 시프트 하여 변형실린더 생성

이러한 변형의 개념은 매우 중요하며, 다음의 예를 통해 한 번 더 확인하고 이해해 보자.

```
import rhinoscriptsyntax as rs

cir = rs.AddCircle((0,0,0),20)
pts = rs.DivideCurve(cir,40,True)
```

```
for i in range(40):
    rs.AddLine(pts[i],pts[i+10])
```

위 스크립트를 보면, 원을 40등분하고 이 점들을 pts 리스트에 담은 후, 포인트와 그 뒤 10번째의 포인트를 순차적으로 이어주는 스크립트이다.([0]-[10], [1]-[11], [2-12]....) 이 스크립트의 문제는, 역시 초반부의 반복은 가능하지만 36번째 점을 넘어서게 되면 40개로 한정된 리스트의 번호를 넘어서게 되어, 당연히 에러를 일으키게 된다. 앞의 사례와 같이 리스트의 순서를 계속 바꾸어 주면서 동일한 위치의 점들을 계속 연결해나가면 이러한 문제를 없앨 수 있다. 0번째와 10번째의 포인트를 연결한 다음, 전체의 순서를 한 칸씩 바꾸면 다음 포인트가 0번째 순서가 된다. 이렇게 계속해서 한 칸씩 바뀌는 리스트의 0번째와 10번째를 연결해 나가면, 40번에 이르도록 리스트의 범위를 넘어서는 순서 없이 완벽하게 연산을 마칠 수 있다. 이렇게 리스트를 유동적으로 변형하여 알고리즘을 풀어나가는 것은 제한된 범위 내의 리스트 속에서 자유로운 변형을 가능하게 해주는 좋은 전략이며, 많은 훈련을 통해 익숙해지는 것을 추천한다.

```
import rhinoscriptsyntax as rs

cir = rs.AddCircle((0,0,0),20)
```

```
pts = rs.DivideCurve(cir,40,True)

for i in range(40):
    rs.AddLine(pts[0],pts[10])
    a = pts.pop(0)
    pts.append(a)
```

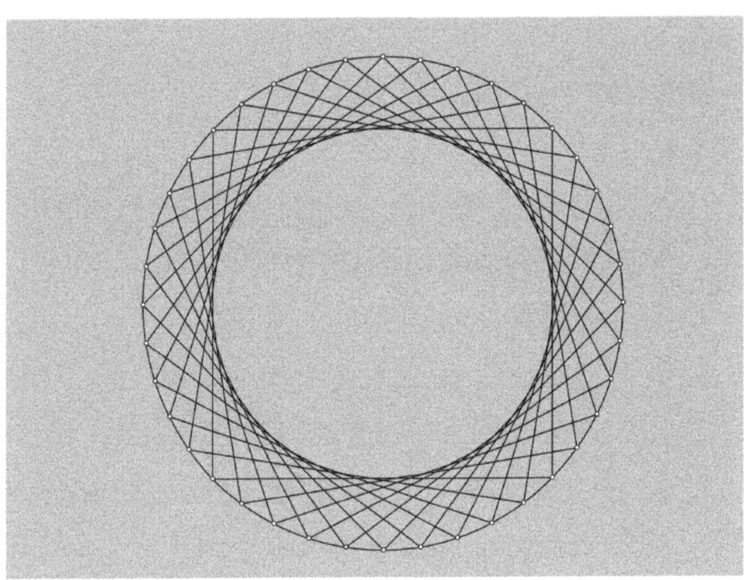

리스트 매니지먼트를 활용한 반복

심화예제 2

핸드스케치라인 만들기

좀 쉬어가는 의미로 간단한 작업을 수행하는 함수를 만들어 보자. 이 스케치 함수는, 라이노 상에서 그려진 직선을 마치 손으로 그린 듯한 구불구불한 스케치라인으로 바꾸어주는 간단한 함수이다.

함수의 구조는 다음과 같다.

1. 라인을 입력된 수대로 나누어 포인트 리스트를 만든다. (점을 물리적으로 생성하지는 않는다) 인덱스별로 x, y, z 의 값은 각각 ptList[i][0], ptList[i][1], ptList[i][2] 가 된다.
2. 원래의 라인(들)은 지운다.
3. 각 포인트리스트들의 두 번째 점부터 마지막 직전의 점까지 각 점의 x, y, z 값을 주어진 범위(degree)내에서 랜덤하게 재배치한다.
4. 각 점들을 연결하여 스케치라인을 완성한다.

a. 라이노 상에서 선(baseLine)들을 준비한다.
b. 함수를 실행하고 선을 선택하여 작업을 수행한다. —> 이 작업을 선의 수만큼 반복한다.

```
import random
import rhinoscriptsyntax as rs

def sketchLine(line,numOfPts,degree):

    ptList = rs.DivideCurve(line,numOfPts,False)  #위 설명 1번
    rs.DeleteObject(line)                          #위 설명 2번

    for i in range(numOfPts-2):                  #이하 위 설명 3번
        ptList[i+1][0]  =  ptList[i+1][0]+random.uniform(-degre
e,degree)
        ptList[i+1][1]  =  ptList[i+1][1]+random.uniform(-degre
e,degree)
        ptList[i+1][2]  =  ptList[i+1][2]+random.uniform(-degre
e,degree)

    return rs.AddInterpCurve(ptList,3)             #위 설명 4번
    print(ptList)                          #없어도 되지만 ptList 확인

baseLines = rs.GetObjects("get lines: ",0)   #위 선택 a번: 라이
                                             노  상에서  선을
                                             그리고 선택
```

```
ptNumber = 10
desiredDegree = 0.4

for perline in baseLines: #위 선택 b번: 이 경우는 여러 선들
    sketchLine(perline,ptNumber,desiredDegree)
```

복잡하지 않게 분석할 수 있을 것 같지만, 3번을 잠깐 설명하자면, 3번의 반복문 내에 있는 세 줄은 각각 x, y, z의 좌표를 약간의 랜덤을 더하여 다시 할당하는 작업이다. 여기에서 i로 시작하지 않고 i+1로 시작하는 이유는 선을 분할한 첫 번째 점은 변경하지 않기 때문이다. (첫점과 끝점을 변경하면 선들이 꼭짓점에서 만나지 않고 엉망이 되어버릴 것이다!) 마찬가지로 마지막 점도 변하면 안 되는데, i+1에서 시작했으므로 리스트에서 마지막의 직전 점까지 포함하려면 numOfPts에서 1이 아닌 2를 빼주어야 한다. 라이노 상에서 정육면체를 그리고(선은 각각 분리되어 있어야 한다) 함수를 실행하면 다음과 같은 결과물을 얻을 수 있다.

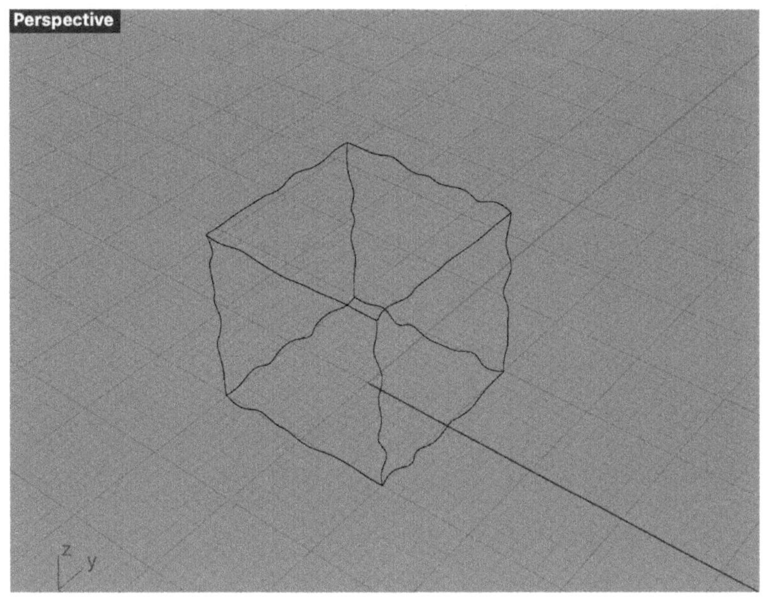

스케치라인 생성

심화예제 3

Weaving 패턴 만들기

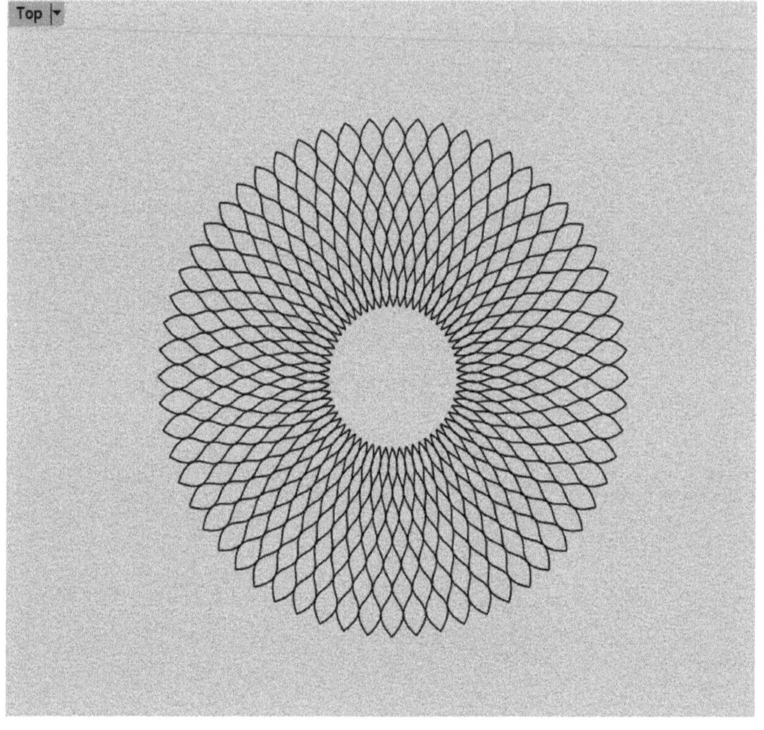

Weaving 패턴

이번에는 본 교재에서 가장 중요한 예제 중 하나이며, 전략적이고 정교한 리스트매니지먼트를 요구하는 예제를 다루어보도록 한다. 아래와 같이 얼핏 태양의 형상을 한 패턴인데, 기본적으로는 다음의 방식을 따른다.

- 지름이 다른 원들을 생성
- 각 원들을 분할하여 분할 점 생성
- 규칙에 다라 분할 점들을 연결하여 패턴 생성

전체적인 흐름은 단순하지만, 이를 현실화하는 전략은 간단하지만은 않다. 이를 라이노 파이썬에서 구현하기 위해서는 다음과 같은 전략을 필요로 한다.

1. 리스트(crvList)에 베이스가 될 커브(이 경우는 Circle)들을 담는다.
2. 각 커브들을 순차적으로 분할하여 분할된 포인트들로 리스트(ptList)를 만든다. 이 때 ptList는 리스트를 담은 리스트로, ptList[0] = 첫 번째 커브의 분할 점들, ptList[1] = 두 번째 커브의 분할 점들, 이러한 방식으로 구성된다.
3. 대칭인 두 커브를 위한 작업:

리스트(cpList2): 리스트(ptList)의 순서가 짝수일 경우는 각 리스트(ptList[i])의 첫 번째점(ptList[i][0]), 홀수일 경우는 두번째 점(ptList[i][1])을 추출하여 리스트에 담는다.

리스트(cpList1): 리스트(ptList)의 순서가 짝수일 경우는 각 리스트(ptList[i])의 첫 번째점(ptList[i][0]), 홀수일 경우는 마지막 점(ptList[i][-1])을 추출하여 리스트에 담는다.

4. cpList1의 점들을 전부 연결하는 커브, cpList2의 점들을 전부 연결하는 커브를 생성한다. 여기서 커브를 하나만 그리고 이를 Mirror하지 않는 이유는, 평면상에서는 미러가 가능하나 입체적인 조형위에 이 패턴을 적용할 경우는 더 이상 대칭인 환경이라고 볼 수 없기 때문에 커브를 추가로 생성하는 작업이 필요하다.
5. ptList의 모든 점들을 두 칸씩 이동(pop명령어와 append명령어를 응용)하여, 세 번째 점들(ptList[i][2])을 첫 번째 점들(ptList[i][0])로 변경한다.
6. 위 3번부터 분할 점의 수만큼 반복하여 실행한다.

이를 스크립트로 정리하면 다음과 같다.

```
import rhinoscriptsyntax as rs

#Weave 함수 구성

def weave(crvList,numPts):

    ptList = []                          # 이하 위 설명 2번에 해당
```

```
for cir in crvList:
    pts = rs.DivideCurve(cir,numPts)
    ptList.append(pts)
    rs.DeleteObject(cir)

for j in range(numPts):              # 이하 위 설명 3번에 해당
    cpList1 = []
    cpList2 = []
    for i in range(len(crvList)):
        if (i%2==0):
            cpList1.append(ptList[i][0])
            cpList2.append(ptList[i][0])
        else:
            cpList1.append(ptList[i][-1])
            cpList2.append(ptList[i][1])
    rs.AddInterpCurve(cpList1,3)  # 이하 위 설명 4번에 해당
    rs.AddInterpCurve(cpList2,3)

    for c in range(len(crvList)):  # 이하 위 설명 5,6번에 해당
        shift1 = ptList[c].pop(0)
        ptList[c].append(shift1)
        shift2 = ptList[c].pop(0)
```

```
        ptList[c].append(shift2)

#커브 만들기
curveList = []                    # 위 설명 1번에 해당
for i in range(9):
    cir = rs.AddCircle((0,0,0),(i*5)+15)
    curveList.append(cir)

#Weave 함수 실행
weave(curveList,120)
```

결과를 확인하고 꼼꼼하게 분석해보도록 한다. 커브를 만들 때 중심 값을 (0,0,0)로 고정하고 평면적인 패턴을 만들었지만, z값을 i 값과 연동하여 변화시킨다면 다른 결과를 얻을 수 있다.

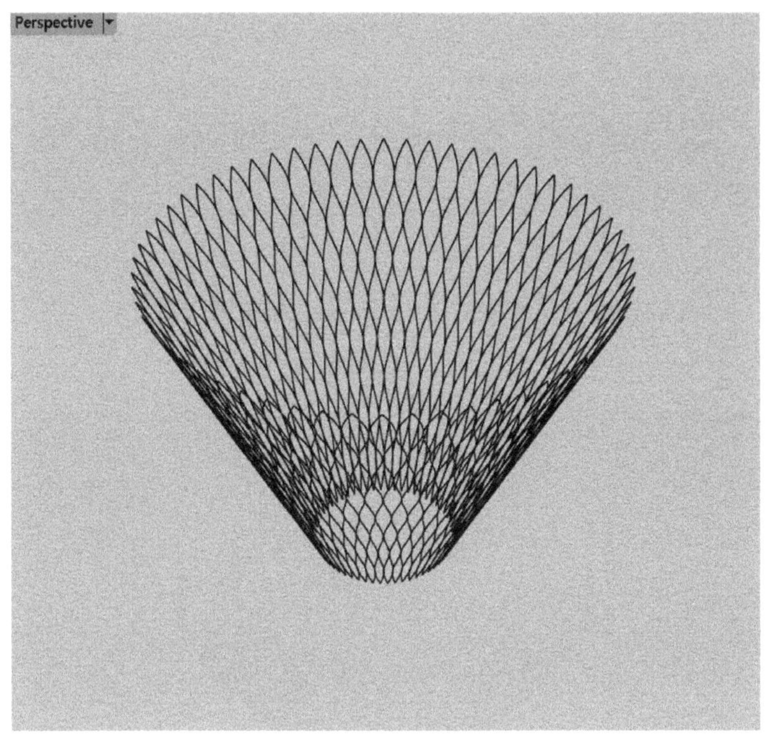

z값을 변화시킨 뒤 실행시킨 모습

Sine 값을 사용하여 조형을 제어해 보자. 앞의 스크립트에서, 원의 반지름을 sin값의 변화에 영향을 받도록 바꾸면 된다. 다시 강조하지만, 삼각함수를 완벽하게 이해하고 사용하는 데 두려움을 가지는 것이야 어쩔 수 없을지 몰라도, 이것저것 시도해보는 것을 적극 권장한다. sine값이나 cosine값이나 결국 계속 -1에서 1사이를 점진적으로 반복한다는 사실만 알아도, 여기에 필요한 배수를 곱하거나 더해서 원하는(혹은 원했던 것보다 더 나은) 결과를 얻을 수 있

다. 앞의 스크립트에서 원들을 생성하는 줄만 바꿔주면 된다.(반지름 식 변경)

물론, 삼각함수를 사용하면 math 라이브러리를 import 하는 것도 잊지 않아야 하겠다.

```
cir = rs.AddCircle((0,0,i*5),15+math.sin(i)*5)
```

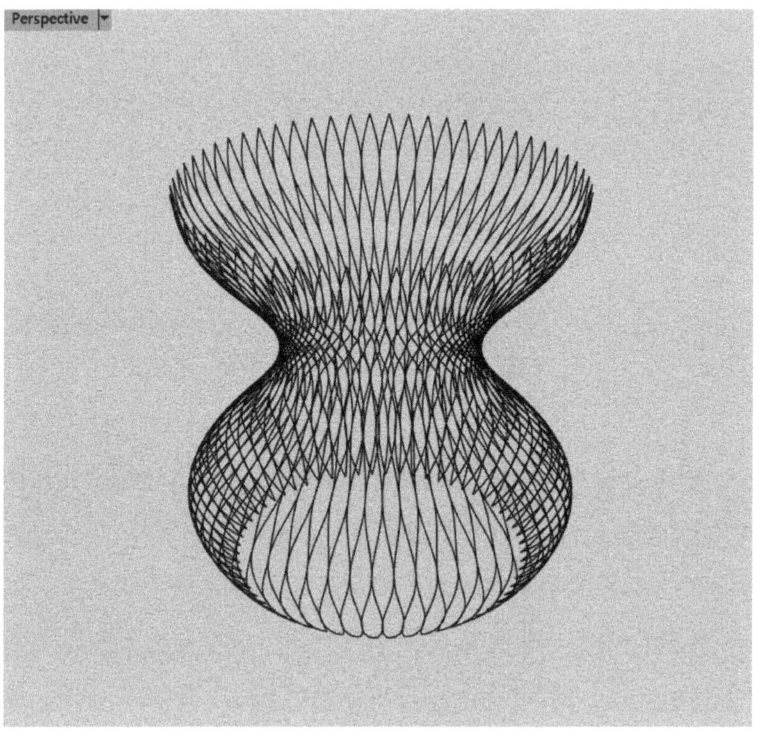

sine값 변화를 통한 조형제어

투시도 상의 조형변화 뿐 아니라, top뷰를 확인해보면 짐작하지 않았던 패턴이 나타난 것을 확인할 수 있다.

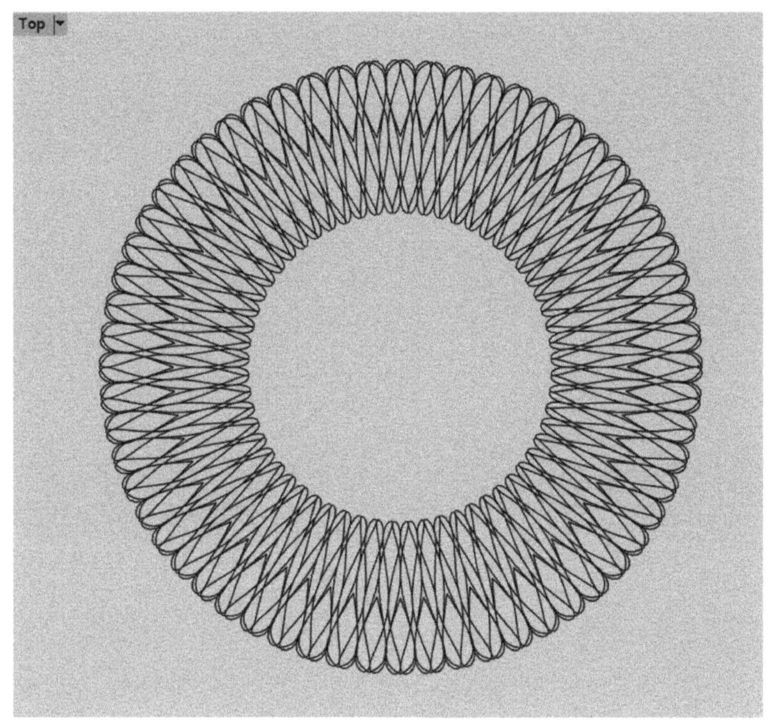

top 뷰에서 본 조형패턴의 변화

커브들을 분할하고, 이 분할 점들을 서로 연결해주는 작업은 굳이 원을 작도해가며 만들어야할 이유는 없다. 우리는 이미 커브분할과 점들을 엮는 Weaving 함수를 만들어놓았기 때문에, 어떤 커브들이라도 선택하여 이 함수를 수행하면 재미있는 작업을 결과물을 얻을 수 있다. 다음의 커브들을 삼차원 공간을 활용하여 만들고, 이 커브들을 선택하여 함수를 실행해보자.

base curves

이제 위의 Weave 함수를 사용하면 된다. 다시 한 번 weave 함수를 복기해보고, 다음을 실행해보자.

```
import rhinoscriptsyntax as rs
def weave(crvList,numPts):
    ptList = []
    for cir in crvList:
```

```
    pts = rs.DivideCurve(cir,numPts)
    ptList.append(pts)
    #rs.DeleteObject(cir)         # 커브를 지우지 않는다.

for j in range(numPts):
    cpList1 = []
    cpList2 = []
    for i in range(len(crvList)):
        if (i%2==0):
            cpList1.append(ptList[i][0])
            cpList2.append(ptList[i][0])
        else:
            cpList1.append(ptList[i][-1])
            cpList2.append(ptList[i][1])
    rs.AddInterpCurve(cpList1,3)
    rs.AddInterpCurve(cpList2,3)

    for c in range(len(crvList)):
        shift1 = ptList[c].pop(0)
        ptList[c].append(shift1)
        shift2 = ptList[c].pop(0)
        ptList[c].append(shift2)
```

```
curveList = rs.GetObjects("Pick curves to weave: ",4)
                                    #라이노 상의 커브를 차례로 선택
weave(curveList,120)       #분할 점의 개수는 자유롭게
```

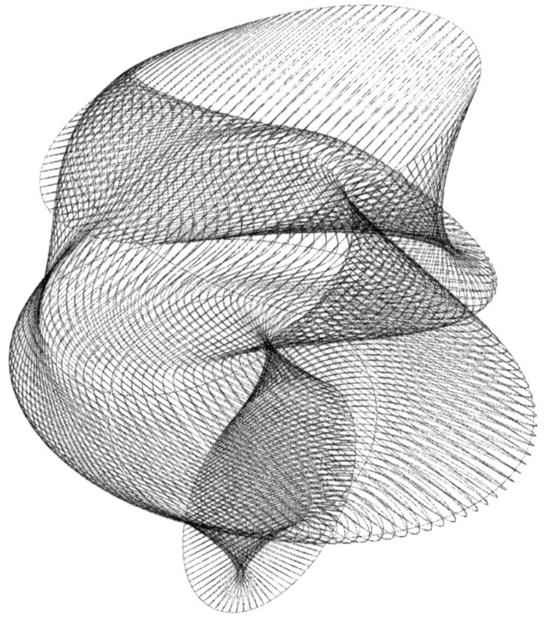

최종결과물 - 커브들을 선택하여 Weave 함수 실행

MEMO

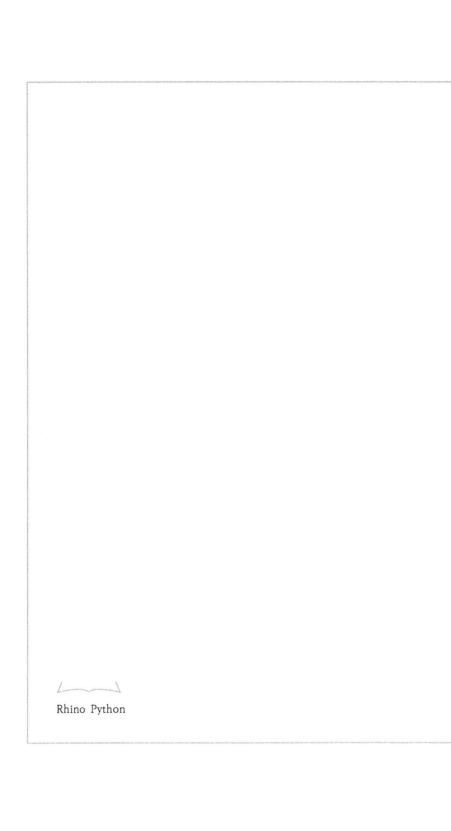

03

Rhino Python

벡터(Vector) 활용하기

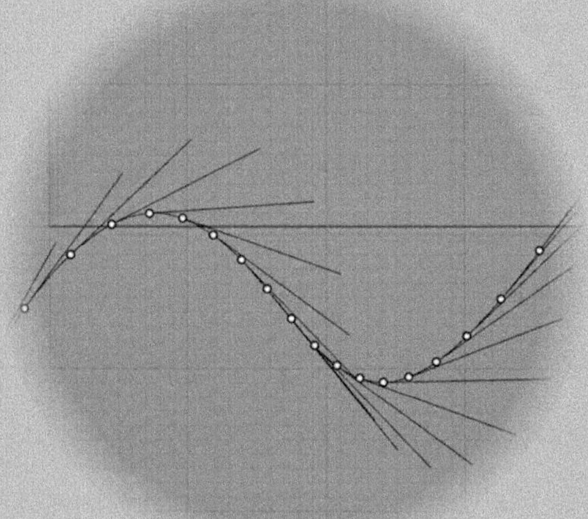

● 벡터의 정의

학창시절에 고생 좀 했을 벡터를 여기서 다시 한 번 다루어야 할 때가 되었다. 그래픽 프로그래밍을 다룰 때 벡터는 너무도 당연히 이해하고 응용을 해야 하는 개념이기는 하지만, 우리가 이해하고 적용해야하는 범위는 매우 단순하고 한정적이기 때문에 두려움 없이 빨리 이해해나가면 될 것이다. 벡터의 정의는 '크기와 방향을 가지는 물리적 양'인데, 일단 벡터는 '크기'와 '방향'을 가지고 있다고 이해하면 되겠다.

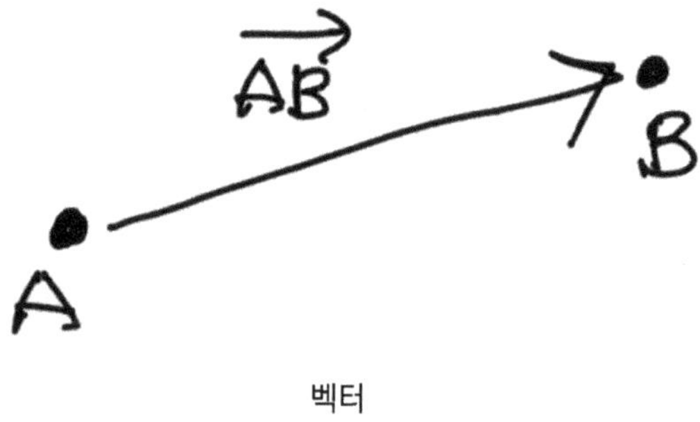

벡터

여기서 헷갈리기 시작하는 것이 '기준점'인데, 기준점이라는 개념은 일단 벡터와는 상관이 없다. 화살표가 어느 점에서 시작하던지, 그 크기와 방향이 같다면 모두 동일 벡터라고 할 수 있다. 따라서 위에 표현된 여러 벡터들은 모두 동일한 벡터이다. 여기까지는 그러려니 하고 이해를 하면 되는데, 라이노 좌표 상에서 벡터를 표현하려면 어딘가를 기준으로 표현을 해야 하고, 이 기준점은 (0,0,0) 좌표가 기준이 된다. 기준점이 생겨서 좋은 점 (다시 강조하지만 벡터의 정의에 기준점은 없지만)은, 우리는 화면상에서 좌표를 다루고 있고, 이 좌표는 이제 모두 벡터로 표현을 할 수가 있다. 예를 들어 x축로 3, y축으로 2의 위치에 자리 잡은 점은, (0,0)을 기준으로 x축으로 3, y축으로 2의 크기와 그에 따른 방향을 가지고 있는 벡터로 표현할 수 있다. 이에 대한 이해는 매우 중요한데, 이제 이 개념들을 이용해서 좌표를 벡터로, 벡터를 좌표로 이해하면서 벡터를 더하고 빼는 등의 조절하는 작업을 통해 좀 더 고급스럽고 제어가능한 조형작업을 할 수 있다.

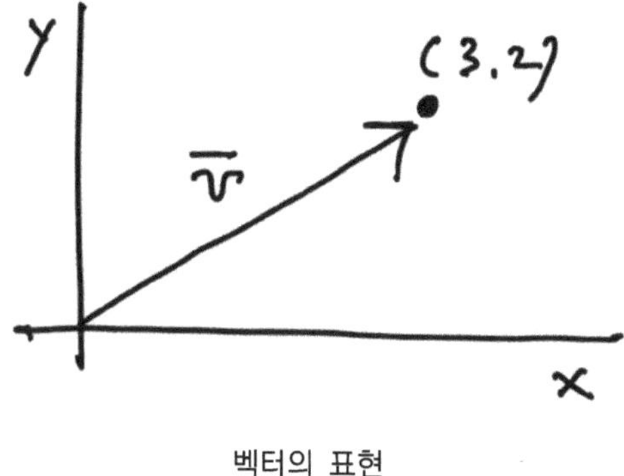

벡터의 표현

● 벡터의 덧셈

벡터의 덧셈은 간단하다. 벡터1이 (3,1), 벡터2가 (1,3)이라고 정의하고 이 두 벡터를 더하게 되면, 각각의 x좌표와 y좌표를 더한 값이 새운 벡터가 된다. 새로운 벡터(벡터3) = (3+1, 1+3).

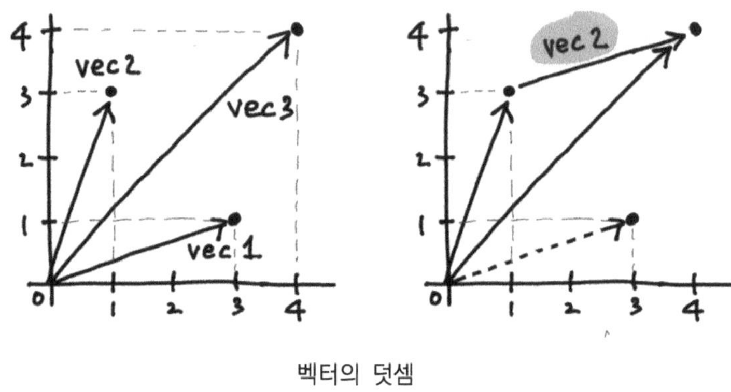

벡터의 덧셈

이러한 당연한 이야기 외에 재미있는 지점이 있다. 벡터가 원래 기준점이 없다는 사실을 떠올려본다면, 벡터2를 벡터1의 지점으로 옮겨서 표현해도 상관없다는 것을 알 수 있다. 이렇게 보면, 벡터의 덧셈은 꽤 단순하고 솔직한 흐름이다. 벡터의 덧셈은 화살표 두개를 이어서 연결하면 되는 것이다. 이것도 당연한 거라고? 맞다. 여기서 강조하고 싶은 것은 벡터 두 개를 더하면 어떻게 된다는 것도 있지만, 다음을 명심하는 것이 더 중요하다.

" 벡터를 시각적으로 표현할 때, (0,0)아닌 다른 벡터를 기준으로 표현하고 싶으면 그 벡터를 더하면 된다"

무슨 말인고 하면, 위 그림에서 벡터1과 벡터2를 더한 벡터3는 사실 새로운 벡터지만, 벡터3의 위치는 벡터1에서 시작한 벡터2라고 보아도 무방하다는 뜻이다. 여전히 무슨 말인지 모르겠다면, 뒤에 나올 예제를 확인하면 되니 걱정할 필요는 없다. 이 벡터의 덧셈을 라이노로 표현하면 다음과 같다. Rhinoscriptsyntax에서는 벡터의 덧셈을 VectorAdd(벡터1, 벡터2)로 표현한다.

```
import rhinoscriptsyntax as rs

vec1 = (3,1)                              ➡ 벡터1
point1 = rs.AddPoint(vec1)
line1 = rs.AddLine((0,0),vec1)

vec2 = (1,3)                              ➡ 벡터2
point2= rs.AddPoint(vec2)
line2 = rs.AddLine((0,0),vec2)


vec3 = rs.VectorAdd(vec1, vec2)  ➡ 벡터3: 벡터1 + 벡터2
```

```
point3 = rs.AddPoint(vec3)
point3a = rs.AddCircle(vec3,0.1)
```
➡ 결과물 강조

```
line3 = rs.AddLine((0,0),vec3)
```

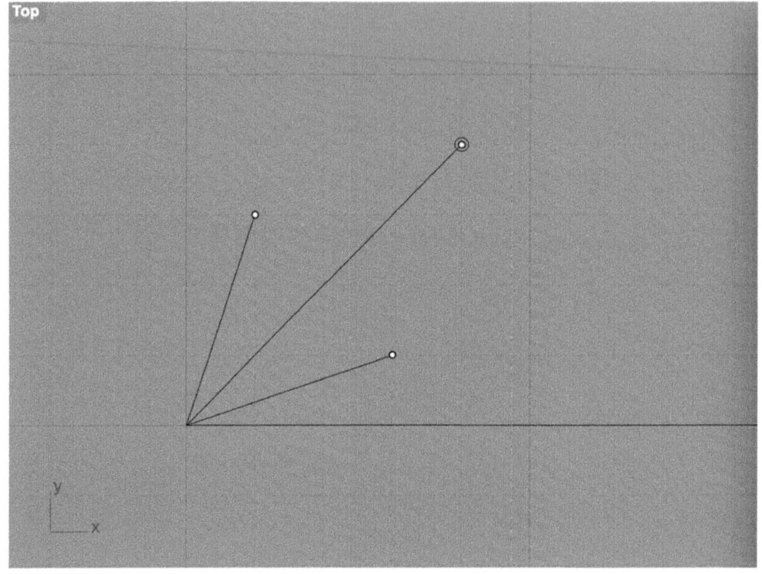

벡터의 덧셈

● 벡터의 뺄셈

벡터의 뺄셈도 덧셈과 마찬가지이다. 벡터1이 (3,1) 이고 벡터2가 (1,3)이라고 하면, 벡터1에서 벡터2를 빼면 x는 3-1, y=1-3 으로 계산하여 (2,-2)가 된다.

그리고 당연히 다음과 같이도 표현할 수 있다.

벡터1-벡터2 = 벡터1 + (-벡터2)

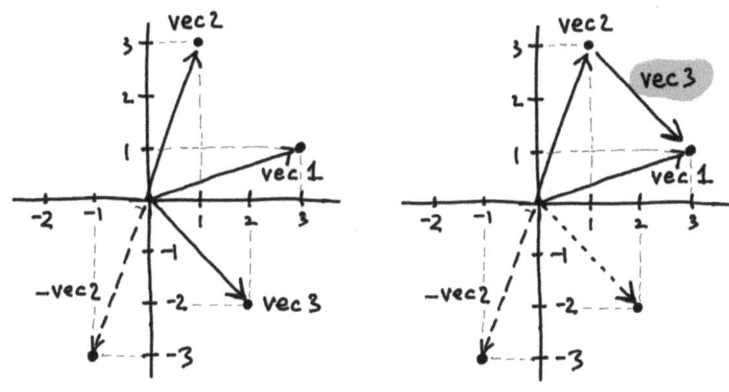

벡터의 뺄셈

벡터의 뺄셈은 어떤 의미가 있을까? 결과물인 벡터3의 화살표를 옮겨서 벡터2와 벡터1 사이에 위치시켜보면 정확히 일치하는 것을 확인할 수 있다. 이를 디지털 디자인의 힘과 방향의 관점에서 설명해보자면, 벡터1에서 벡터2를 뺀다는 의미는 벡터2에서 벡터1로 향하는 움직임과 힘의 방향을 만들어낸다고 할 수 있다. 예를 들어 벡터2의 위치에서 벡터1의 위치로 향하는(혹은 다가오는) 형태나 움직임을 표현하고 싶다면, 벡터1에서 벡터2를 빼주면 되고, 거꾸로 벡터1에서 벡터2로의 움직임을 표현하고 싶다면 벡터2에서 벡터1을 빼주면 된다. 이는 디지털디자인의 동적 움직임을 만들어내는데 매우 중요한 부분이므로 확실히 이해해 두도록 한다.

이를 라이노에서 표현하면 다음과 같다.

```
import rhinoscriptsyntax as rs

vec1 = (3,1)
point1 = rs.AddPoint(vec1)
line1 = rs.AddLine((0,0),vec1)

vec2 = (1,3)
point2= rs.AddPoint(vec2)
line2 = rs.AddLine((0,0),vec2)


vec3 = rs.VectorSubtract(vec1,vec2)

point3= rs.AddPoint(vec3)
point3a = rs.AddCircle(vec3,0.1)
line3 = rs.AddLine((0,0),vec3)
```

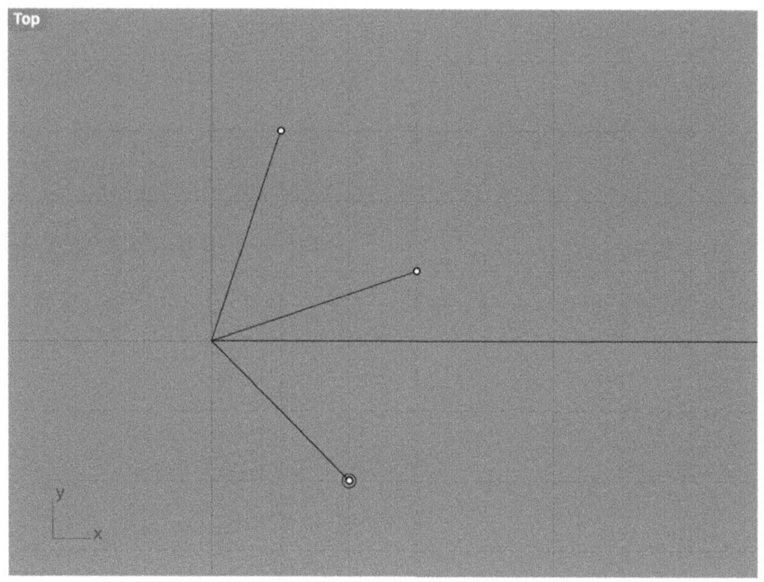

벡터의 뺄셈

● 유닛벡터

자, 움직임의 방향을 표현한 것까지는 좋은데, 몇 가지를 더 짚고 넘어가야 실제 벡터를 활용한 예제를 다룰 준비가 될 수 있을 것 같다. 위처럼 벡터2에서 벡터1의 방향으로 향한 벡터3를 만들어 내었다고 하고 거기서부터 시작을 해보자. 벡터2에서 벡터1로 움직이는 방향은 만들어 내었지만, 그 크기는 현재 벡터1과 벡터2의 크기에 영향을 받고 있다. 예를 들어, 벡터(6,2)에서 벡터(2,6)을 뺀다고 하면 결과벡터의 방향은 원래 벡터1에서 벡터2를 뺀 것과 동일하지만, 그 크기는 두 배가 되어있고, 움직임이라고 치면 두 배 빠른 움직임을 보일 것이다. 이 영향에서 벗어나서 결과벡터의 크기를, 혹은 속도를 우리 의도대로 조절하려면 결과 벡터의 값을 유닛화(Unitization) 혹은 노멀화(Normalization)하는 과정이 필요하다. 이 의미는 벡터의 크기가 어찌되었던 이 크기를 1로 바꾸어주는 것을 말한다. Rhinoscriptsyntax에서는 이를 다음과 같은 과정을 통해서 얻는다.

유닛벡터 = rs.VectorUnitize(유닛화시키려는 벡터)

위 벡터1에서 벡터2를 뺀 예제에 다음을 더하면 유닛벡터를 확인할 수 있다.

```
vecN = rs.VectorUnitize(vec3)
pointN = rs.AddPoint(vecN)
pointVa = rs.AddCircle(vecN,0.1)
```

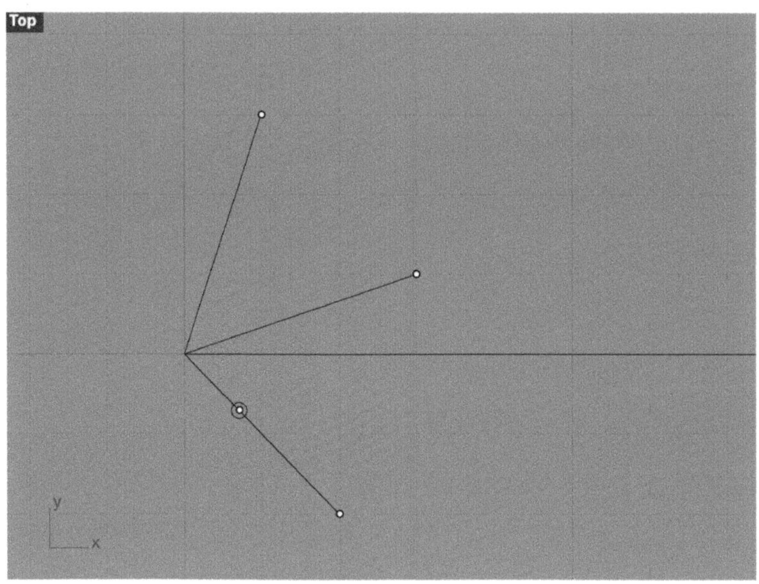

단위벡터(Unit Vector)

표시된 유닛벡터의 크기는 정확히 '1'이다.

● 벡터스케일

유닛벡터를 얻은 이후에는 이 유닛벡터의 크기를 설정해주어야 하는데, 이는 유닛벡터를 적절한 값을 곱해 키워주면 된다. 이를 벡터스케일이라고 하며, Rhinoscriptsyntax에서는 다음과 같이 표현한다.

스케일벡터 = rs.VectorScale(유닛벡터, 스케일 값)

위 노멀벡터 예제에 다음을 더하면 스케일 벡터를 확인할 수 있다. 이 때 스케일 값을 2로 정했으니, 결과물인 스케일 벡터의 크기는 정확히 2가 될 것이다.

```
vecS = rs.VectorScale(vecN, 2)
pointS = rs.AddPoint(vecS)
pointSa = rs.AddCircle(vecS,0.2)
```

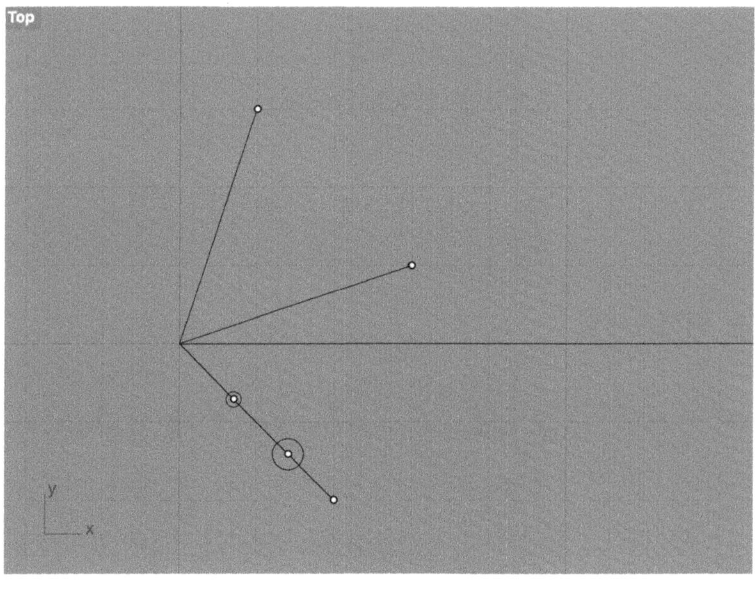

벡터스케일

마지막으로 하나만 더 짚고 예제로 넘어가자. 스케일까지 완성된 벡터는 벡터2에서 벡터1의 방향으로 크기까지 결정된 상태이지만, 우리가 좌표에서 확인을 해보면 '벡터2에서 출발'한 것처럼 보이지는 않고 원점(0,0)에서 출발한 것으로 보인다. 이를 벡터2에서 출발한 것으로 보이게 하려면 어떻게 해야 할까? 위에 벡터 덧셈에서 설명한 내용을 활용하면 된다. 스케일된 벡터와 출발점이 되고 싶은 벡터를 더하면, 그 벡터에서 출발하는 벡터를 표현할 수 있다. 여기서는 벡터2에서 출발하고 싶기 때문에, 스케일벡터와 벡터2를 더해주면 간단히 해결된다.

```
vecFinal = rs.VectorAdd(vecS,vec2)
```

이를 스크립트로 표현하면 다음과 같다. 마지막이므로 전체 스크립트를 다 표현해보았다.

```
import rhinoscriptsyntax as rs

vec1 = (3,1)
point1 = rs.AddPoint(vec1)
line1 = rs.AddLine((0,0),vec1)

vec2 = (1,3)
point2= rs.AddPoint(vec2)
```

```
line2 = rs.AddLine((0,0),vec2)

vec3 = rs.VectorSubtract(vec1, vec2)

point3 = rs.AddPoint(vec3)
line3 = rs.AddLine((0,0),vec3)

vecN = rs.VectorUnitize(vec3)
pointN = rs.AddPoint(vecN)
pointNa = rs.AddCircle(vecN,0.1)

vecS = rs.VectorScale(vecN, 2)
pointS = rs.AddPoint(vecS)
pointSa = rs.AddCircle(vecS,0.1)

vecFinal = rs.VectorAdd(vecS,vec2). ➡ 벡터2에서 출발하는
                                      스케일벡터
pointFinal = rs.AddPoint(vecFinal)
pointFinala = rs.AddCircle(vecFinal, 0.2)
lineFinal = rs.AddLine(vec2,vecFinal)
```

자, 벡터의 활용법은 무궁무진하지만, 일단 이 정도만 이해하

면 벡터를 활용한 디자인 실험을 진행하기에는 무리가 없을 것이다. 위 내용은 이해하기 어렵지는 않겠지만, 복잡하게 진행하다보면 치명적으로 놓치는 부분들이 생길 수밖에 없다. 특히 결과 벡터를 완성해놓고 이를 적절한 위치에 옮겨놓지 못해 원하는 결과를 얻지 못하고 당황하고, 또 이 과정이 큰 프로젝트의 일부일 경우 끝까지 해결 못하고 묻히는 경우가 의외로 많기 때문에 항상 다음을 명심하고 진행하도록 한다.

1. 한 벡터에서 다른 벡터로 향하는(이동하는)벡터를 만들려면: 목적지 벡터에서 시작 벡터를 빼준다 (rs.VectorScale(목적지 벡터, 출발점 벡터))
2. 방향벡터를 유닛화 한다. (rs.VectorUnitize(방향벡터))
3. 유닛벡터의 스케일을 조정한다. (rs.VectorScale(유닛벡터, 원하는 스케일 값)
4. 결과벡터를 출발점으로 가져다 놓는다. (rs.VectorAdd(결과벡터, 출발점벡터)

● 벡터 심화 예제 : 탄젠트 벡터를 활용하기

벡터에 대한 이해를 바탕으로, 이를 활용한 예제를 진행해보기로 한다. 본 예제에서는 벡터에 대한 이해 뿐 아니라 도메인에 대한 이해, 또 커브의 분석에 대한 이해까지 다루고 있으므로 라이노 파이썬의 기초를 정리하기에 유용한 작업이다.

우선 도메인에 대하여 알아보면:

도메인(domain)

그래스호퍼의 사용자라면 도메인을 모두 접해 보았을 것이다. (이해와는 별개로) 도메인을 간단히 정리하고 넘어가자면, 도메인은 '영역' 혹은 '범위'라고 정의하면 된다. 내가 1부터 10까지의 자연수의 리스트를 가지고 있다면, 도메인은 1에서 10까지이며, 도메인의 최솟값은 1, 최댓값은 10이다. 간단하지 않은가? 조금 난해해지는 경우는 조형에도 이 도메인이 쓰이는 경우이다. 하나의 커브가 있다고 하면, 그 커브에도 도메인이 있고, 커브의 시작점이 도메인의 최솟값, 끝 점이 도메인의 최댓값이 된다, 그래스호퍼에서는 이를 reparameterize 시키면 모든 도메인은 0에서 1로 유닛화되게 된다. 앞서 벡터에서도 다룬 개념인 '유닛화(unitization)'는 여기서도 중요하게 사용되는데, 서피스 분석, 변영 등 다양한 작업에서 명쾌하고 오류를 줄이는 작업을 위해 익숙해지면 좋은 개념이며, 여기서는 커브를 분석하는 과정에서 사용하게 된다.

다음의 커브를 분석해 보자.

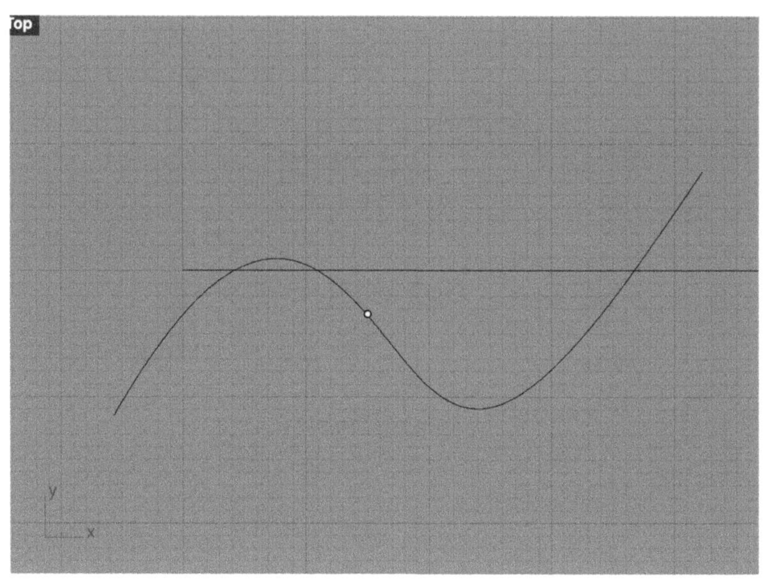

분석대상 커브

하나의 커브가 있다고 할 때, 커브의 기울기를 알아보자. 이때 기울기 값은 하나가 아니며, 커브의 시작점부터 끝점까지 계속해서 기울기 값은 달라진다. 하나의 포인트가 시작점에서 부터 끝점까지 천천히 이동한다고 하면, 움직이다 멈추는 지점마다 기울기 값을 구할 수 있을 것이다. 점의 위치는 계속해서 변화하는 변수(parameter)이며, 이 값은 t값이라고 부르기로 한다. 커브의 시작점부터 끝점까지가 커브의 영역이며, 앞서 설명한 대로 이를 '도메인(domain)'이라 한다. 도메인의 최솟값(시작)과 최댓값(끝값)은 라이노의 커브 분석 도구를 이용하여 쉽게 구할 수 있다.

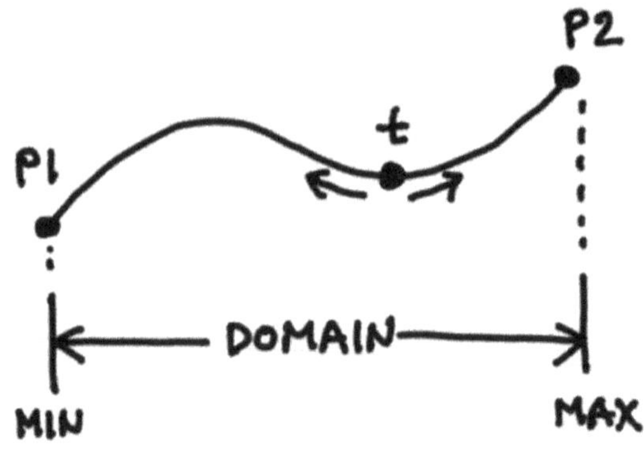

도메인과 파라미터(t)

도메인은 rhinoscriptsyntax의 Curve Domain 함수를 이용하며, 다음과 같이 사용한다.

Domain = rs.CurveDomain(분석하려는 커브)

rhinoscriptsyntax API를 찾아보면 다음과 같다.

CurveDomain

```
CurveDomain(curve_id, segment_index=-1)
```

```
Returns the domain of a curve object
    as an indexable object with two elements.
```

Parameters:

```
curve_id (guid): identifier of the curve object
segment_index (number, optional): the curve segment index if `curve_id` identifies a polycurve.
```

Returns:

```
list(number, number): the domain of the curve if successful.
   [0] Domain minimum
   [1] Domain maximum
None: on error
```

Example:

```
import rhinoscriptsyntax as rs
obj = rs.GetObject("Select a curve")
if rs.IsCurve(obj):
    domain = rs.CurveDomain(obj)
    print "Curve domain:", domain[0], "to", domain[1]
```

See Also:

CurveDegree
IsCurve

Curve Domain 설명

분석하려는 커브를 입력하면 두 개의 자료를 담은 리스트를 리턴값으로 반환하는데, 이때 리스트의 첫 번째 수(list[0])가 도메인의 최솟값, 두 번째 수(list[1])가 도메인의 최댓값이다. 다음과 같이 그려진 커브를 선택하여 도메인 최솟값과 최댓값을 구해보자.

```
import rhinoscriptsyntax as rs

curve = rs.GetObject("Pick a curve: ", 4)
dom = rs.CurveDomain(curve)
```

```
print("Domain Min is: ", dom[0])
print("Domain Max is: ", dom[1])
```

자, 도메인 최솟값과 도메인 최댓값을 얻었다. 도메인의 범위는 "도메인 최댓값 - 도메인 최솟값"으로 보면 될 것이다. 이제 커브 상에 있는 파라미터 t값을 구해보자. t값은 도메인 최솟값으로 시작해서 점점 늘어난 후 도메인 최댓값에서 멈출 것이다.

우선 여러 위치들을 알아보기 전에, 커브 중간의 t값을 구해본다. 매우 간단하다.

파라미터(t 값) = (도메인 최댓값 - 도메인 최솟값) / 2

당연히 반으로 나눈 지점이 중앙의 t값이다. 이제 다양한 위치의 t값을 알아보자면, 커브를 20등분(포인트는 21개가 된다) 했다고 생각해보면:

첫 번째 t값: ((도메인 최댓값 - 도메인 최솟값) / 20) * 0
두 번째 t값: ((도메인 최댓값 - 도메인 최솟값) / 20) * 1
세 번째 t값: ((도메인 최댓값 - 도메인 최솟값) / 20) * 2
⋮
스물한 번째 t값: ((도메인 최댓값 - 도메인 최솟값) / 20) * 20

이와 같이 구하면 된다. 이를 라이노에서 각 t값을 출력해보자.

```
import rhinoscriptsyntax as rs

curve = rs.GetObject("Pick a curve: ", 4)
dom = rs.CurveDomain(curve)

domMin = dom[0]
domMax = dom[1]

print("Domain Min is: ", dom[0])
print("Domain Max is: ", dom[1])

for i in range(21):
    param = (dom[1]-dom[0])/20 * i
    print(param)
```

이렇게 원하는 지점의 t값을 모두 구할 수 있다.

t값이 아니라 분할된 위치마다 포인트를 생성해보자. 위 스크립트의 반복구 구문만 아래와 같이 변경하면 된다.

```
for i in range(21):
```

```
param = (dom[1]-dom[0])/20 * i
point = rs.EvaluateCurve(curve, param)
rs.AddPoint(point)
```

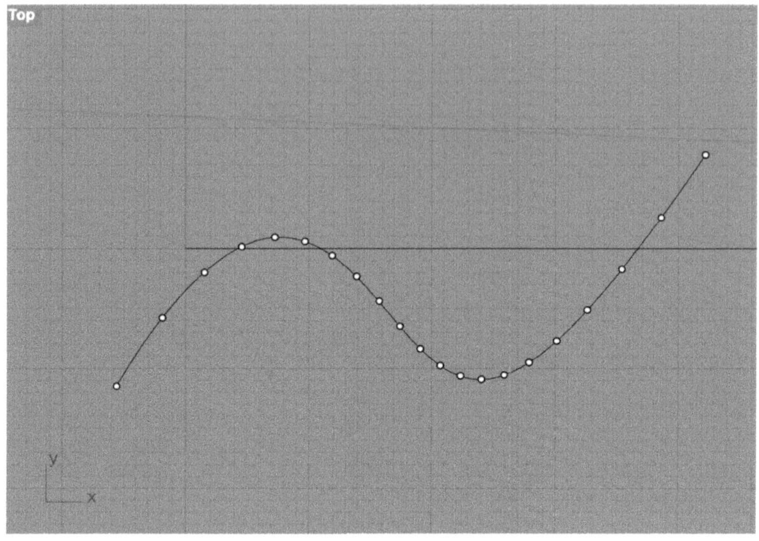

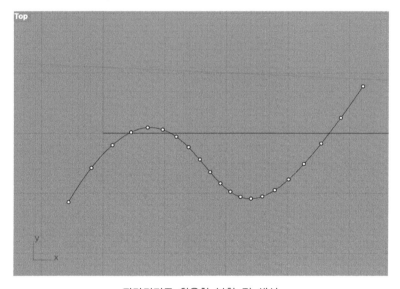

파라미터를 활용한 분할 점 생성

이제 각 포인트들의 위치를 얻었다. 이제 각 포인트에서의 기울기(탄젠트) 값을 찾아보자. 탄젠트 값은 라이노에서는 다음과 같이 얻을 수 있다.

탄젠트 값(벡터) = rs.CurveTangent(커브, 파라미터(t값))

이를 위 스크립트에 반영하면 다음과 같다. 역시 반복구 구문만 교체하면 된다.

```
for i in range(21):
    param = (dom[1]-dom[0])/20 * i
    crvPt = rs.EvaluateCurve(curve, param) ➡ 커브 상의 포인
                                               트 위치
    rs.AddPoint(crvPt)                    ➡ 포인트 위치를 시각적으로
                                               표현 외에 의미 없음
    tanPt = rs.CurveTangent(curve,param)
    rs.AddPoint(tanPt)
```

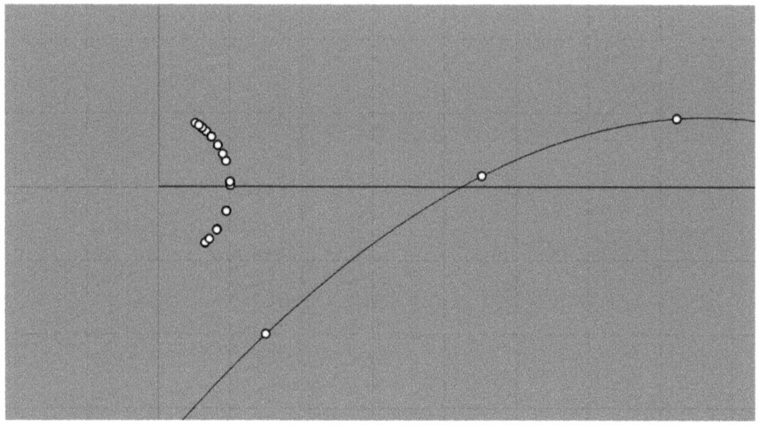

탄젠트 벡터의 실행결과

이를 실행하면 뭔가 에러가 나온 것 같은 결과를 보여준다. 탄젠트 값을 멋지게 커브 상에서 표현해주는 것이 아니라, 좌표 (0,0,0)

주변에 점들이 오밀조밀 모여 있다. 이 점들은 에러가 아니라, 각 포인트들의 탄젠트 값을, (0,0,0)점을 기준으로 벡터로 표현한 21개의 탄젠트 벡터들이다. 앞에서 벡터를 설명할 때 여러 번 강조했듯이, 탄젠트 값을 얻었으면 이를 출발점으로 삼고 싶은 위치벡터(커브위의 각 포인트벡터)로 이동해야 한다.

각 탄젠트라인들을 커브위의 각 포인트로 이동시키려면 탄젠트 벡터를 출발점 벡터와 더해주면 된다. (벡터덧셈 참조) 따라서 다음과 같이 스크립트를 조정해보자. 이번에도 반복구문만 업데이트하면 된다.

```
for i in range(21):
    param = (dom[1]-dom[0])/20 * i
    point = rs.EvaluateCurve(curve, param)
    rs.AddPoint(point)
    tanPt = rs.CurveTangent(curve,param)
    endPt = rs.VectorAdd(tanPt,point) ➡ 탄젠트벡터를 커브위
                                        포인트로 이동
    rs.AddLine(tanPt, point)
```

확대해보면 탄젠트 선들이 보이기는 하는데, 영 크기가 마음에 들지 않는다. 이 크기를 바꾸려면 앞의 벡터에서 언급한 벡터 유

닛화와 벡터 스케일을 적용하면 된다. 물론 이 유닛화와 스케일은 탄젠트 벡터를 커브 위 점으로 이동하기 전에 작업을 수행해야 한다. 반복문을 다음과 같이 업데이트해보자.

```
for i in range(21):
    param = (dom[1]-dom[0])/20 * i
    point = rs.EvaluateCurve(curve, param)
    rs.AddPoint(point)
    tanPt = rs.CurveTangent(curve,param)
    tanPt = rs.VectorUnitize(tanPt)          ➡ 벡터유닛화
    tanPt = rs.VectorScale(tanPt,12.0)       ➡ 벡터스케일

    endPt = rs.VectorAdd(tanPt,point)        ➡ 벡터 커브위로 이동
    rs.AddLine(endPt, point)
```

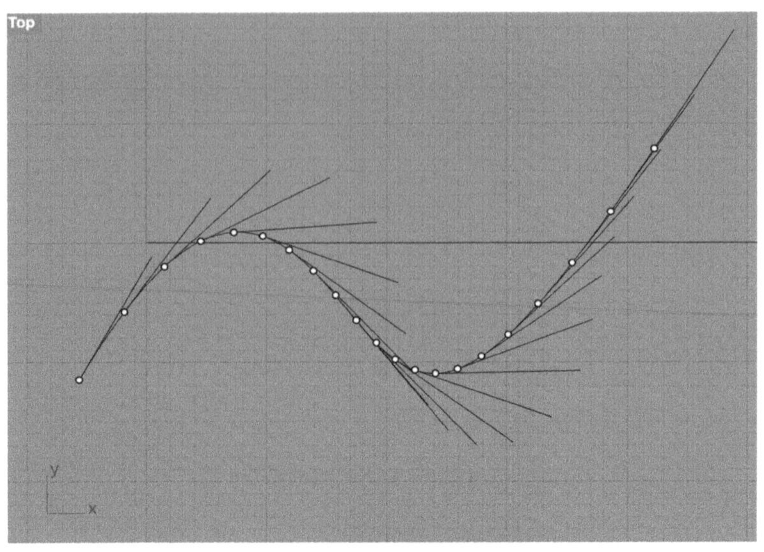

커브에 옮겨진 탄젠트라인들

이제 원하는 결과를 얻었다. 각 탄젠트 라인들은 원하는 위치, 원하는 크기, 적합한 방향성을 가지게 되었다. 위 스크립트에서 벡터유닛화, 벡터스케일 작업을 하면서 새로운 변수를 만들지 않고 tanPt 변수를 반복적으로 바꾸었는데, 이는 변수가 너무 많으면 혼란스럽고 또 탄젠트벡터와 벡터스케일 사이의 과정들은 말 그대로 과정일 뿐 이후 작업에서 전혀 쓰이지 않기 때문에 따로 변수를 지정할 필요가 없었다. 마지막으로, 지금까지 작업한 탄젠트 벡터 생성의 전 과정을 함수로 만들어 보자. 다음과 같은 과정으로 진행하면 될 것이다.

- 커브 선택
- 몇 등분으로 나눌지 선택
- 탄젠트 라인의 길이 선택

그런데 그냥 똑같이 만드는 것은 큰 의미가 없으니, 함수를 만드는 김에 리턴 값을 한번 지정해보도록 하자.

어떤 결과물이 반환되기를 바라는가? 생성되는 탄젠트라인들을 묶어서 반환 받아보자. 이제까지는 탄젠트라인을 그냥 그리고 말았는데, 이제 리스트를 만들어 결과물인 라인들을 모으고, 함수를 실행하면 라인들의 리스트를 반환하도록 한다. 반환받은 리스트로는 뭘 하면 좋을까? 무엇이든 가능하지만, 여기서는 그냥 라인들을 받은 김에 이 라인들을 활용해 로프트 서피스를 만들어 보았다.

```
import rhinoscriptsyntax as rs

def tanLines(crv,num,length):
    dom = rs.CurveDomain(crv)

    tanLines = []              ➡ 탄젠트라인들을 담을 빈 리스트 생성
    for i in range(num+1):
        param = (dom[1]-dom[0])/num * i
```

```
        point = rs.EvaluateCurve(crv, param)
        rs.AddPoint(point)
        tanPt = rs.CurveTangent(crv,param)
        tanPt = rs.VectorUnitize(tanPt)
        tanPt = rs.VectorScale(tanPt,length)

        endPt = rs.VectorAdd(tanPt,point)
        line = rs.AddLine(endPt, point)      ➡ 그린 선들을 line
                                                변수로
        tanLines.append(line)               ➡ line들을 하나씩 리
                                               스트에 담음
    return tanLines                        ➡ 탄젠트 라인들을 담은 리
                                              스트를 반환

curve = rs.GetObject("Pick a curve: ", 4)
numPts = rs.GetInteger("Number of divisions(int): ")
tanScale = rs.GetInteger("Length of tangent lines(int): “)

lines = tanLines(curve, numPts, tanScale)
          ➡ 함수를 실행하여 반환된 리스트를 lines변수에 담음
rs.AddLoftSrf(lines)                   ➡ 로프트 서피스 생성
```

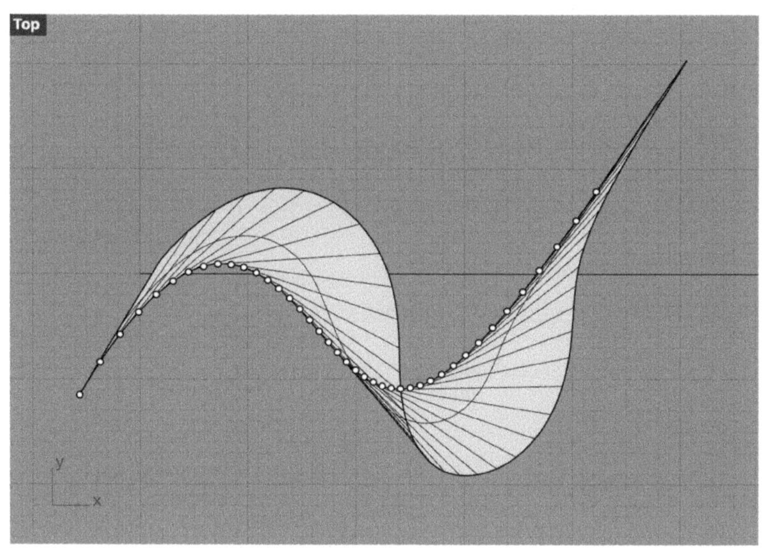

탄젠트를 활용한 서피스

여유가 있을 때 이를 클래스로 만들어보는 것도 좋겠다. 클래스를 만들 때는 클래스 안에 점을 표시하는 함수, 라인을 그리는 함수, 라인으로 로프트를 만드는 함수… 등등을 만들어 각각 실행하도록 표현할 수도 있을 것이다. 또 이 반환값들로 무엇을 할 수 있을까? 한 커브 내에서만 사용하지 않고, 다른 커브를 만들어 응용하는 방식도 가능할 듯하다.

함수는 어렵게 완성해두었으니, 위 함수를 그대로 두고, 함수 외 부분만 한 번 변경해보자.

```
curve1 = rs.GetObject("Pick a curve1: ", 4)  ➡ 커브1 선택
curve2 = rs.GetObject("Pick a curve2: ", 4)  ➡ 커브2 선택
numPts = rs.GetInteger("Number of divisions(int): ")
tanScale = rs.GetInteger("Length of tangent lines(int): ")

lines1 = tanLines(curve1, numPts, tanScale)
lines2 = tanLines(curve2, numPts, tanScale)

for i in range(len(lines1)):           ➡ 리스트의 길이만큼 반복
    rs.AddLoftSrf([lines1[i],lines2[i]]).
                                       ➡ 두 리스트의 첫 번째 라인
                                         들부터 순서대로 로프트
```

화면상에 커브 두 개를 그려 놓고 스크립트를 실행해 본다.

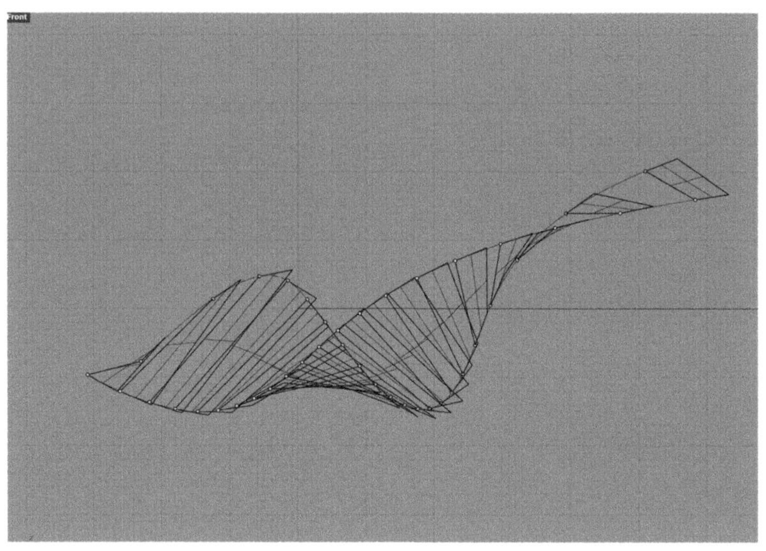

두 커브의 탄젠트 라인들로 만들어진 서피스

벡터의 활용을 마지막으로 본 교재는 마무리된다. 프로그래밍 언어의 자세한 해석과 스크립트의 친절한 설명이 뒷받침되지 않아 적지 않게 당황했겠지만, 이를 극복해나가면서 성공적으로 틈을 메워온 독자들에게 감사를 전한다. 서두를 반복하자면, 본 교재의 근본적인 목적은 특정 언어 및 프로그램의 사용법을 익히게 하는 것이 아니라, 건축 디지털 디자인과 관련된 프로그래밍에 대한 기본적인 이해를 돕고 건축프로그램과의 연동 및 그 가능성을 탐구하도록 하는 것이다. 이제 파이썬을 좀 더 깊이, 또 라이노와의 연동을 더 충실히, 조형실험을 더 과감하게 도전할 준비가 되었다. 여기에서 경험한 내용을 계단삼아 좀 더 깊은 본인만의 디지털 디자인의 세계를 만들어가기를 응원한다.

MEMO